u »Nicht mit mir!« im Unterricht

INHALTSANGABE

u.1

Christine Biernaths Jugendroman stellt das Thema »Mobbing in der Schule« in ungewöhnlicher Weise und entgegen der verbreiteten Machart in den Mittelpunkt. So beschränkt sich die Autorin nicht nur auf das Mobbing, bei dem unter anderem soziale Netzwerke im Internet für Machtspiele missbraucht und der Schulalltag sowie die Freizeitgestaltung zum Spießrutenlauf werden. Zugleich beleuchtet der Jugendroman auch die unterschiedlichen familiären Beziehungen und die Auswirkungen des Mobbings auf das Verhalten der Figuren. Besonders interessant ist außerdem, dass in diesem Buch nicht wie üblich ein hilfloses Opfer einer Gruppe mobbender Mitschüler:innen gegenübersteht, sondern die Hauptfigur sich von Beginn an auf schlagfertige Art gegen die Mobbingattacken wehrt. Das weitgehend offene Ende bietet den Leser:innen Raum für Denkanstöße und Interpretationen.

Die ca. 14-jährige Nadja, die mit ihrer üppigeren Figur nicht den schlanken Gardemaßen entspricht, muss wegen eines Umzugs die Schule wechseln und wird sofort zum Opfer von Gemeinheiten. Bereits am ersten Schultag muss sie sich von den Anführer:innen der Klasse Beleidigungen anhören. Sie wehrt sich aber aktiv und auf kreative Art gegen die Erniedrigungen (z. B. S. 60 bzw. ES* S. 33, als sie vor der Klasse ihre Bluse öffnet).

Doch nicht nur Nadja ist das Opfer, das gedemütigt werden soll, sondern auch eine Gruppe anderer Schüler:innen, bestehend aus Lennard, dessen Freundin Jenny und dem übergewichtigen Lukas. Lukas leidet insgeheim seit Jahren unter im Internet veröffentlichten Fotos und Videos und wird beim Fußball oft auch körperlich in die Mangel genommen. Er verdrängt diese Vorfälle jedoch (S. 144 bzw. ES S. 69). Der coole Mitläufer Lennard redet den anderen zwar einerseits nach dem Mund und wird so auch zum Täter, andererseits hält er aber zu seiner Freundin Jenny, die wegen ihrer Fußballleidenschaft als Lesbe verhöhnt wird. Lennards Gemeinheiten zielen vorwiegend auf Lukas ab. Seine Motive zu mobben sind jedoch nicht Boshaftigkeit oder Langeweile, sondern Selbstzweifel, die er als Mitläufer zu überspielen versucht. Die schulische Überforderung durch den Wechsel von der Realschule aufs Gymnasium, seine psychisch labile Mutter sowie sein stets abwesender Vater erschweren ihm den Alltag (S. 132 bzw. ES S. 65).

Bei der Maifeier eskaliert die Situation zum ersten Mal: Jenny »muss« sich von Sabrina und Michelle gegen ihren Willen abfüllen lassen und fühlt sich entsprechend elend (S. 67 ff. bzw. ES S. 37 ff. und S. 42), was bei ihr zu ersten Ansätzen des Umdenkens und dem Gefühl, sich endlich wehren zu wollen, führt. Lukas versucht, sich wie immer einzureden, sein unfreiwilliger volltrunkener Auftritt auf der Bühne, der jetzt im Internet zu sehen ist, sei gar nicht so schlimm (S. 109 bzw. ES S. 56). Bei der gemeinsamen Vorbereitung für ein Referat mit Nadja muss er schließlich der Wahrheit ins Auge blicken, entdeckt aber auch ungeahnte Fähigkeiten bei sich selbst und erfährt die Bedeutung von gegenseitiger Unterstützung und Freundschaft.

Die gemeinsame Unterrichtspräsentation von Nadja und Lukas bedeutet einen weiteren Wendepunkt im Verhalten der Figuren, der schließlich dramatisch endet. Nadja springt für Lukas ein, der beim Vortrag vor der Klasse dem Druck der Demütigungen nicht mehr standhalten kann. Jenny und Lennard bringen endlich den Mut auf, gegen die anderen aufzubegehren, indem sie Nadja und Lukas Beifall klatschen. Vom täglichen Kampf gegen die mobbende Meute ist Nadja aber nervlich so am Ende, dass sie wieder an ihre alte Schule zurückkehren möchte (S. 148 bzw. ES S. 73). Doch Lennards beinahe tödlicher Unfall, der nach der längst überfälligen Auseinandersetzung mit den Hauptmobbern Dominik und Julian passiert, bewegt sie, doch zu bleiben. So schließt sich im Krankenhaus der Kreis aus alten und neuen Freundschaften. Wie sich die neu entstandene Gruppe sowie die familiäre und schulische Situation weiterentwickeln werden, bleibt jedoch offen.

*Ausgabe in Einfacher Sprache (Gulliver, 2023)

DIDAKTISCHES PROFIL DES ROMANS

Wie jeder andere Unterricht auch muss die Behandlung eines Jugendromans einerseits an die Lernvoraussetzungen der Schüler:innen anknüpfen und damit assimilative Aspekte bieten, andererseits auch zusätzliche Anforderungen an das Verstehen stellen. Das didaktische Potenzial des Romans als Unterrichtslektüre liegt damit in der Verknüpfung von vertrauten, assimilativen und eher neuen, akkommodativen Aspekten*. Der Roman liegt auch in Kurzfassung in Einfacher Sprache vor (Gulliver, 2023).

* Vgl. Rank, Bernhard (2005): Leseförderung und literarisches Lernen. In: Lernchancen, 8. Jg., Heft 44, S. 4–9.

Vertraute Charakteristika des Textes sorgen dafür, dass den Schüler:nnen der Zugang zum Text erleichtert wird und so Anknüpfungsmöglichkeiten für eine eigene Textdeutung vorhanden sind (Assimilation). Dieser Aspekt betrifft das lesefördernde Potenzial. Die Ausgabe in Einfacher Sprache beinhaltet ab S. 86 zusätzlich ein Glossar. Neue, zusätzliche Anforderungen, die der Text an ein Verstehen der Schüler:innen stellt, betreffen eher den Bereich des literarischen Lernens.

Im Überblick lässt sich das didaktische Profil von »Nicht mit mir« folgendermaßen skizzieren:

Dimension des Textes	Das Vertraute: Möglichkeit zur Assimilation (Leseförderung)	Das Neue: Notwendigkeit zur Akkommodation (literarisches Lernen)
Wirklichkeitsbezug	▶ Realitätsnahe Schilderung ▶ Familienalltag ▶ Familiäre und schulische Probleme	▶ Mögliche Hilfe bei familiären und schulischen Problemen
Thematik	▶ Schule ▶ Mobbing ▶ Familie ▶ Pubertät ▶ Freundschaften ▶ Sport/Hobbys	▶ Emotionen ▶ Umgang mit Mobbing ▶ Pubertät und Geschlechterrollen ▶ Wahrnehmung des eigenen Körpers ▶ Lennards Unfall ▶ Umgang mit Medien
Figuren	▶ Identifikation mit den Mobbingopfern, v.a. Nadja und Lukas ▶ Identifikation mit anderen Jugendlichen, Klassenkameraden und Freunden ▶ Familie ▶ Lehrkräfte ▶ Identifikation mit Nebenfiguren	▶ Unsympathische Figuren wie Sabrina, Michelle, Julian ▶ Mut und Stärke zeigen, z.B. Nadja und Jennifer ▶ Selbstbewusstes Auftreten ▶ Durchhaltevermögen in schwierigen Situationen ▶ Die Rolle der Lehrkräfte, Familien, Freunde bei Mobbing ▶ Lösungsstrategien entwickeln
Sprache/Stil	▶ Äußere & innere Handlung ▶ Dialoge ▶ Spannung/Dramatik ▶ Einfache Sprache ▶ Kurze Kapitel in Tage und Figuren unterteilt ▶ Nicknames, Communitys	▶ Tagebuchähnlicher Aufbau in einzelnen Tagen ▶ Abwechselnde Sicht aus Er-/Sie-Form jeder einzelnen Figur ▶ Sprache des Mobbings (Sprüche)

Dimension des Textes	Das Vertraute: Möglichkeit zur Assimilation (Leseförderung)	Das Neue: Notwendigkeit zur Akkommodation (literarisches Lernen)
Literarische Formelemente/ Erzählkonzept	▶ Linear (mit Rückblenden) ▶ Er-Form, auktorial, Innensicht ▶ Zeitraffer ▶ Präsens	▶ Abwechselnde Sicht der einzelnen Charaktere ▶ Rückblenden ▶ Metaphern

LITERARISCHES PROFIL DES ROMANS

Themen und Motive

Das zentrale Thema in Christine Biernaths Roman ist das Mobbing bzw. Cyberbullying und bietet sich für die Klassenstufen 6 bis 8 an. Ein Mädchen wehrt sich gegen eine Gruppe schikanierender Mitschüler:innen, die einigen Jugendlichen das Leben in der Schule und privat durch Gemeinheiten sowie öffentliche Bloßstellungen schwermacht. Nadja, die zentrale Figur im Roman, wird gemobbt. Während sich Lukas alles gefallen lässt und sich aus Unsicherheit und Angst einredet, das sei alles nur Spaß, wehrt sich Nadja von Anfang an auf kreative und selbstbewusste Weise gegen die Gemeinheiten (z. B. S. 36, 60 bzw. ES S. 33). Interessant ist hierbei, wie unterschiedlich die anderen Figuren mit dem Thema Mobbing umgehen. Während Lukas von allen Schüler:innen gehänselt und belächelt und dadurch zum Alleingänger ohne eigenen Willen wird, spielt Lennard den unnahbaren Selbstbewussten, der Angst vor Mobbing hat und deshalb dabei mitmacht – wenn auch nicht so extrem wie die anderen Mitschüler:innen (S. 108, 111 bzw. ES S. 55). Jennifer hat ebenfalls Angst davor, ein Mobbingopfer zu werden. Sie versucht aber trotzdem, sich treu zu bleiben und Lennard auf sein unfaires Verhalten aufmerksam zu machen (S. 108 bzw. ES S. 55). Eindeutig wird im Roman das Verhältnis Täter – Opfer dargestellt sowie die Willkür bei der Art und der Häufigkeit des Mobbings, mit denen einige Schüler:innen die anderen schikanieren. Dies alles gipfelt schließlich in Lennards Unfall, vor dem Lennard sich das erste Mal gegenüber Julian und Dominik zur Wehr setzt und Lukas verteidigt. Das Unglück öffnet zugleich Lennard die Augen sowie denjenigen, die seine wahren Freunde sind (S. 158 ff. bzw. ES S. 77).

Ein weiteres Thema ist das Verhältnis der Jugendlichen zu ihren Familien und zur Schule. Während die Beziehung zwischen den »Opfern« und deren Familien sowie deren Einstellung zur Schule bei den meisten Figuren als problematisch dargestellt wird, wird dies bei den »Tätern« nicht weiter beschrieben. Besonders Lennard leidet unter der egozentrischen Art seiner Mutter. Er verschweigt ihr die Tatsache, dass die Versetzung »aus Gründen des guten Rufs« gefährdet ist (S. 100 f., 132 bzw. ES S. 74). Und das, obwohl er mit dem Wechsel von der Realschule aufs Gymnasium seinen Vater beeindrucken wollte (S. 172 bzw. ES S. 83). Bei Jennifer ist die Familie harmonisch. Sie leidet vielmehr darunter, als leidenschaftliche Fußballerin als lesbisch gelten zu können, und unter der Diskrepanz zwischen der Harmonie innerhalb der Familie einerseits sowie den bedrückenden Vorkommnissen in der Schule andererseits (S. 10, 131 bzw. ES S. 7). Lukas fühlt sich von der Familie alleingelassen und wenig beachtet (S. 137 bzw. ES S. 67). Er trauert seiner Zeit als durchtrainierter bester Torwart hinterher (S. 88 bzw. ES S. 46) und fügt sich in die Opferrolle, indem er sich einredet, Mobbing sei nur ein Spaß (S. 109 bzw. ES S. 56). Nadja scheint die Einzige zu sein, die vordergründig eine unterstützende Familie und scheinbar wenige Probleme in der Schule hat. Sie hat es ihrer Mutter zu verdanken, dass sie nicht gleich aufgibt, sondern sich gegen die anderen durchsetzt. Trotzdem kämpft auch sie mit den Folgen des Umzugs und der Tatsache, dass sie ihrer Mutter beruflich und privat helfen muss, da der Vater aus geschäftlichen Gründen verhindert ist. Aber Nadja hat noch ihre beste Freundin Ellie, die ihr immer unterstützend zur Seite steht (vgl. S. 51 f., 57 f., 91 ff., 148 ff. bzw. ES S. 28, 31, 66).

Die Figuren kämpfen nicht nur mit äußeren Umständen wie Noten, Eltern und Langeweile, sondern auch und vor allem mit sich selbst. Der Weg zu Selbstfindung und Eigenakzeptanz ist schwierig. Besonders Lukas und Lennard sind oft überfordert, weil sie sich weder auf die Familie noch auf sich selbst verlassen können (S. 132, 137 bzw. ES S. 67, 74 f.). Interessant ist, wie wenig die Erwachsenen – Eltern sowie Lehrer:innen – von den Problemen der Jugendlichen mitzubekommen scheinen (S. 93, 116, 137, 146 bzw. ES S. 49, 67, 74). Ohne positives Feedback, ohne Unterstützung und ohne eine Art Wegweiser durch erwachsene Personen und Vorbilder fühlen sich die Teenager richtungslos. Dies äußert sich nicht nur in der teilweise unreifen oder fast schon depressiven Art, zu denken und zu handeln, sondern auch im mangelnden Selbstbewusstsein. Der eigene Körper wird kritisch betrachtet und mit anderen verglichen. Durch Mode, durchtrainierte, je nach Geschlecht muskulöse oder schlanke Körper und das Benutzen von Schminke versuchen vor allem die Täterinnen Sabrina und Michelle von anderen Unzulänglichkeiten abzulenken, Unsicherheiten zu überspielen und sich von den »Losern« abzuheben (S. 19, 46, 62 f., 68 bzw. ES S. 21, 26, 28 f., 37 f.). Während Nadja ihren etwas fülligeren Körper zu Anfang am liebsten in weiten Klamotten verstecken möchte, würde Jennifer ihre Oberweite gerne vergrößern. Doch beide können an diesen Tatsachen unmittelbar nichts ändern und müssen damit leben.

Schließlich geht es auch um die Pubertät mit allen Begleiterscheinungen. Dazu gehört, sich über Grenzen hinwegzusetzen (z. B. durch das Gleisbett zu klettern, S. 98 f. bzw. ES S. 77 f.), sich von den jüngeren Geschwistern und den Erwachsenen abzusetzen und in einer Art Zwischenwelt zu leben, nicht mehr Kind, aber auch noch nicht Erwachsene:r zu sein, sich mit Institutionen wie Schule und Sportverein auseinanderzusetzen und herauszufinden, ob Hobbys und Vorlieben, die man in der Kindheit hatte, auch jetzt noch Bestand haben. Hierzu zählt auch die Frage, warum man Interessen und Handlungsweisen ändert: Ist es der äußere Einfluss bzw. der Gruppenzwang, der bestimmt, was »in« und was »out« ist, oder ist es die innere Überzeugung, weil sich Interessen verändern und man ein neues, breiter gefächertes Weltbild erhält?

Die Erzähltechnik

Der Roman ist nicht in die gängigen Kapitel mit Überschriften, sondern in Tage unterteilt. Der auf 174 Seiten bzw. in der Ausgabe ES auf 85 Seiten beschriebene Zeitraum erstreckt sich vom 19. April bis zum 17. Mai, also ungefähr über einen Monat, wobei nicht an jedem einzelnen Tag Ereignisse beschrieben werden.

Die Autorin wählt zwar die Er- bzw. Sie-Form aus auktorialer Sichtweise, durch die kurz gehaltenen Abschnitte in Einfacher Sprache, die sich oft wie Tagebucheinträge oder Gedanken lesen, wirken diese auf die Leser:innen jedoch wie eine Erzählung aus der Ich-Perspektive der einzelnen Figuren. Die Innensicht und die gedanklichen Monologe tragen zusätzlich dazu bei, dass die Leser:innen sich am Geschehen beteiligt fühlen. Die an manchen Stellen gewählte indirekte Rede verstärkt diesen Eindruck noch. Kurze Rückblenden, als Erinnerung vor allem aus Jennifers und Lukas' Sicht, füllen die wenigen Lücken auf, die einer genaueren Erklärung bedürfen.

Christine Biernath lässt das Geschehen jedes Tages aus der Sicht verschiedener Figuren beschreiben. Einzig der Schluss bzw. die Konsequenzen nach Lennards Unfall bleiben offen. Neben inneren Monologen, tatsächlichen Tagebucheinträgen, die sich kursiv vom restlichen Text abheben, und indirekter Rede lässt sie die Personen auch in wörtlicher Rede kommunizieren, was dem Text Lebendigkeit verleiht. Durch die kurz gehaltenen Passagen und die unkomplizierte Sprache wirkt die Geschichte zudem kurzweilig und vermittelt das Gefühl schnell aufeinanderfolgender Geschehnisse, was inhaltlich zum Thema passt und die Unruhe sowie das schnelle Leben der Jugendlichen unterstreicht. Der Roman ist weitgehend im Präsens gehalten. Dies spiegelt die Aktualität und Präsenz des Themas wider.

Spannungsbögen

Spannung wird in diesem Roman nicht nur durch eine dramatische Begebenheit (Lennards Unfall) oder das sich Zuspitzen auf einen Höhepunkt hin aufgebaut, sondern durch die Reaktionen der Opfer und der Täter:innen und die Folgen von Handlungsweisen, die schon durch die psychischen und physischen Angriffe in aller Öffentlichkeit eine gewisse Dramatik erhalten.

In erster Linie möchten die Leser:innen natürlich wissen, wie die Geschichte um Nadja und die Mobbingattacken gegen sie endet. Nadjas Mut wirkt bewundernswert, wird aber durch den Wunsch nach einem erneuten Schulwechsel zurück an ihre alte Schule auf eine harte Probe gestellt. Daran anknüpfend stellt sich bei der Verteilung der Referatsthemen die Frage, ob und wie sie und Lukas mit der gemeinsamen Erarbeitung und anschließenden Präsentation vor der Klasse zurechtkommen. Natürlich spielt Lukas' Figur ebenfalls eine entscheidende Rolle. Wird er das ständige Mobbingopfer bleiben oder endlich erkennen, dass das alles kein Spaß ist, und sich erfolgreich gegen die Angriffe wehren?

Während Nadjas und Lukas' unschuldige Opferrollen für die Leser:innen eindeutig sind, stellt sich bei Jennifer und Lennard die Frage, zu welcher Seite die beiden gehören. Jennifer unternimmt zunächst nichts gegen das Mobbing. Sie versucht nur, nicht selbst in den Fokus der Angreifer:innen zu geraten, hält sich aber zumindest aus den Mobbingattacken raus und weist Lennard auf sein unfaires Verhalten hin. Spannend wird es, als Jennifer auf Drängen von Sabrina und Michelle hin völlig überschminkt und betrunken auf der Maifeier Lennard trifft. Dieser wiederum ist zwar mit Jennifer zusammen, hat aber Nadja zu der Party eingeladen. Dies bleibt nicht die einzige Begegnung zwischen Lennard und Nadja. Die Unsicherheit, die Jennifer in Bezug auf Lennards Treue wegen Nadja entwickelt, bringt ebenfalls eine gewisse Spannung mit sich. Ob auch Lukas ein Auge auf Nadja bzw. Jennifer geworfen hat, bleibt unklar (S. 109, 137 bzw. ES S. 67). Lennard beteiligt sich im Gegensatz zu seiner Freundin Jennifer an den gemeinen Aktionen vor allem gegen Lukas, der einmal Jennifers bester Freund war, und spielt Jennifers Bedenken herunter. Lennards Part kann man als den dramatischsten bezeichnen, weil er zum einen mit seiner psychisch labilen, überforderten Mutter zurechtkommen muss und, nachdem er sich endlich einmal gegen das Mobbing wehrt und sich für Lukas einsetzt, auf dem Bahnsteig stürzt und von der S-Bahn erfasst wird. Nadja und Lukas verdankt er es, dass er sofort ins Krankenhaus kommt.

Christine Biernath löst die spannenden Elemente am Ende ihres Romans nur zum Teil auf. So werden die vier Opfer Nadja, Lukas, Jennifer und Lennard zwar Freunde, wie es um Nadjas und Lennards Gefühle steht, bleibt jedoch offen. Ebenso wird nicht aufgeklärt, ob es Konsequenzen für die Mobbingtäter:innen Sabrina, Michelle, Dominik und Julian gibt, die sich von der Lehrerin und den Eltern weitgehend unbeachtet mit ihren Mobbingattacken austoben konnten.

Metaphern und Symbolik

Die Symbolik findet sich bereits in den Kapiteln, die als Tage unterteilt sind. Hierdurch entsteht sowohl ein Tagebuchcharakter als auch eine Art dramatisches Zählen. Den Leser:innen stellt sich nicht nur die Frage, wie lange das Martyrium des Mobbings für die Opfer dauert, sondern dadurch wird auch die Länge der Qual deutlich, unter der die Opfer zu leiden haben. Andererseits lassen die vorbeiziehenden Tage hoffen, dass die Gemeinheiten irgendwann ein Ende haben. Die Zeit bleibt nicht stehen.

Dass Nadja am ersten Schultag in ein Klassenzimmer im Keller geschickt wird, kann man als Verweis auf das Dunkle, Ungemütliche, Abgelegte oder »Weggestoßene« verstehen. Im kalten, dunklen, feuchten Keller landen normalerweise nur Dinge, die man nicht mehr braucht oder haben will.

Weitere Symbole finden sich in den Äußerlichkeiten wie Aussehen und Figur. Sabrina und Michelle verstecken eventuell vorhandene Unsicherheiten hinter einer Maske aus Schminke und Alkoholkonsum, was sie älter, überlegener und erwachsener wirken lassen soll. Lennard überspielt sein chaotisches Innenleben mit seinem Bauchmuskel-Sixpack, zu dem Disziplin und Durchhaltevermögen gehören, das aber auch Selbstbewusstsein gibt. Lukas gelingt dies nach seiner erfolgreichen Zeit als Torwart nicht mehr. Interessant ist die widersprüchliche Aussage der Symbolik. Fußballtraining wird eigentlich als Teamsport gesehen, bei dem man Rücksicht aufeinander nehmen und zusammenspielen muss. In diesem Roman hingegen haben die Figuren einen eher negativen Bezug zum Fußball. Die einen missbrauchen den Sport als Machtspiel, unter dem die anderen leiden. Die anderen müssen sich gegen Vorurteile wehren, die in der heutigen Zeit der Emanzipation und Aufklärung eigentlich überholt sein sollten (Jennifers Angst, als Lesbe zu gelten).

Lukas hat sich außerhalb des realen Spielfeldes, auf dem er mal als »Lucky« als der beste Torwart galt, im Internet einen passenden Nickname für seine Fußballerfigur gegeben, der seinen Wunsch nach Stärke und Überlegenheit ausdrückt: Predator, der Feind, der im gleichnamigen Film unsichtbar ist. Jennifer wiederum wählt einen männlichen ehemaligen Starfußballer: MaraDonna.

Das Referat über Spektroskopie und Röntgenstrahlen könnte man als den Wunsch oder die Aufforderung deuten, in das Innere eines Menschen zu blicken und nicht nur die Fassade zu sehen oder sich durch diese täuschen zu lassen. So hat die etwas molligere Nadja einen tollen Charakter, während die top durchgestylten Mädchen sich an vermeintlichen Fehlern und Unzulänglichkeiten der anderen laben.

Die S-Bahn kann man als ein Symbol des »Entkommens« deuten. Einfach einsteigen und wegfahren, was den Jugendlichen eine Art der unabhängigen Flexibilität ermöglicht. Gleichzeitig ist man aber auch auf die Fahrzeiten angewiesen und dem Wetter ausgeliefert, was bei Nadja und Ellie z. B. zum Absagen ihres Treffens führt. Das ungemütliche Regenwetter, das sich als Motiv durch das Buch hindurchzieht und z.B. beim Tanz in den Mai (S. 73 bzw. ES »Lennard« S. 74) und vor Lennards Unfall eine Rolle spielt (S. 153 f. bzw. ES S. 77), klingt an der S-Bahn-Station »wie Maschinenfeuergewehr« (S. 160) und vermittelt in Kombination mit Nadjas nassen Schuhen in dieser Situation ein Gefühl der Bedrohung, Trostlosigkeit und Hoffnungslosigkeit. Lennards Unfall bildet den Höhepunkt dieser Negativspirale, die Lennard zu einer Art Flucht angetrieben hat und durch die er im Krankenhaus endet. Seine Flucht wurde vehement gebremst. Durch diesen Unfall entsteht am Ende jedoch etwas Neues: eine Freundschaft und Verbundenheit zu den Personen, die ihm insgeheim die ganze Zeit schon am Herzen lagen und nahestanden.

Weitere Symbole finden sich im häuslich-privaten Umfeld. So hat der Garten bei Nadja etwas »Verwunschenes, Märchenhaftes«, bei dem das Gute immer siegt und man sich wegträumen kann. Das Wohnzimmer hingegen gleicht zwar noch einem Chaos, wird aber mithilfe von Ellie wohnlich eingeräumt. Während hier der Zusammenhalt auch in chaotischen Zeiten in der Familie repräsentiert wird, gleicht Lennards Mutter eher dem Dampfbügeleisen, das »fauchend eine Dampfwolke nach der anderen« ausspuckt (S. 100 bzw. ES S. 52), weil sie völlig überfordert ist, weswegen sie sich schließlich in der Arztpraxis auf der Toilette ein- und somit das Leben aussperrt. Jennifers Familienleben wird auf S. 10 bzw. ES S. 7 anhand eines idyllischen Grillabends im Garten dargestellt. Es steht im Gegensatz zu Jennifers Innenleben, das gar nicht glücklich ist. Dies wird beim Tanz in den Mai nach ihrem Alkoholkonsum überdeutlich, als sie taumelnd an einer Säule Halt sucht und schließlich allein im Regen auf der Straße steht (S. 72 f. bzw. ES S. 39 f.).

u.4 Deutungsperspektiven

Christine Biernath versteht es, die Ängste und Hilflosigkeit der Opfer darzustellen, ohne diese unreif oder minderwertig wirken zu lassen. Einzig Lukas wird als etwas ungeschickt dargestellt, wozu er sich aber im Laufe der Zeit erst entwickelt hat.

Deutlich werden vor allem die psychischen, aber auch die physischen Verletzungen, die Mobbing hinterlässt: Schul- und Versagensangst, Verzweiflung, Hilflosigkeit, Unsicherheit, Machtlosigkeit, emotionale Erschöpfung, Rückzug und Depression, was sich dann in Übelkeit, Magenbeschwerden oder auch in Verletzungen äußert (z.B. Lukas' Gesicht S. 117, 137 bzw. ES S. 62).

Die Zeit der Pubertät wird immer ein Thema bleiben, bei dem es in Elternhaus und Schule wichtig ist, den Jugendlichen ein Gefühl der Zugehörigkeit und Stabilität zu vermitteln, in dessen Rahmen sie trotz aller Unsicherheiten und Probleme eine Orientierung haben. Das Selbstbewusstsein der/des Einzelnen zu stärken ist genauso wichtig, wie Respekt und Achtung vor anderen zu haben und Fehler zuzulassen.

Besonders unerlässlich ist es, die Rolle der Eltern und Lehrer:innen in diesem Roman zu beleuchten – auch im Vergleich mit den Jugendlichen. So verhalten sich Ellie, Nadja, Jennifer und Lennard teilweise erwachsener, hilfsbereiter und zeigen mehr Stärke als Lennards Mutter oder die Lehrerin Frau Thiel, die die fatale Situation weder zu überblicken noch ernst zu nehmen scheint.

Auch Lukas' Eltern sehen hinter ihrer Fassade des idyllischen Familienlebens das wirkliche Ausmaß der realen Welt nicht, selbst nachdem Lukas eindeutig verletzt ist (S. 116 f. bzw. ES S. 67).

Doch auch das Mädchen- und Jungenbild muss berücksichtigt werden. So haben die beiden Geschlechter zwar ähnliche Interessen wie Partys und Sport, doch greifen die Jungs beim Mobbing in diesem Roman unter anderem auf brutale physische Arten wie »Arschbolzen« zurück (S. 72 bzw. ES S. 58), während die Mädchen verbal angreifen und die Medien als Möglichkeit des Mobbings nutzen. Sixpack und Muskeln repräsentieren genauso das »typische« Männerbild wie Schminke, Klamotten und eine schlanke Figur das weibliche. Einzig Jennifer fällt durch ihre Fußballleidenschaft aus dem Rahmen, über die sich jedoch lustig gemacht wird.

Was den Figuren im Roman fast gänzlich fehlt, sind Problemlösungsstrategien. Bis zu Nadjas Erscheinen, die Unterstützung von Ellie hat, ist keines der Opfer in der Lage, über die Situation zu sprechen, sich zu wehren, Hilfe zu suchen oder selbst helfend einzuschreiten.

METHODENKISTE

Im Folgenden machen wir Vorschläge für mögliche Arbeitsweisen mit »Nicht mit mir!« im Unterricht und verbinden sie mit anzustrebenden Kompetenzen im Deutschunterricht. Dabei beziehen wir uns auf die von der Kultusministerkonferenz (KMK) verabschiedeten »Bildungsstandards für das Fach Deutsch für den Mittleren Bildungsabschluss«, die die verbindliche Grundlage für alle in den Ländern zu entwickelnden Lehr- und Bildungspläne in der Sekundarstufe I darstellen. In der dritten Spalte finden sich jeweils mögliche Beispiele für eine konkrete Umsetzung im Unterricht. Hier wird auch auf die Kopiervorlagen in diesem Heft verwiesen.

Zahlreiche methodische Möglichkeiten sprechen mehrere Bildungsstandards an. Wir haben uns zum Zwecke der Übersichtlichkeit jeweils für einen Bildungsstandard des Bereiches 3.3 (»Lesen – mit Texten und Medien umgehen«) entschieden. Häufig lassen sich auch evidente Bezüge zu den Bildungsstandards der anderen Bereiche herstellen. Darüber hinaus stehen die methodischen Möglichkeiten in Verbindung mit einem fächerübergreifenden Ansatz (v. a. Ethik, Gemeinschaftskunde, Religion, Biologie oder Bildender Kunst), der sich je nach Klassensituation, Vorwissen und Interessen der Schüler:innen modifizieren lässt.

Bildungsstandards	Methoden	Beispiele
→ Verschiedene Lesetechniken beherrschen		
• Über grundlegende Lesefertigkeiten verfügen: flüssig, sinnbezogen, überfliegend, selektiv, navigierend lesen	• Ein Kapitel bzw. eine besonders wichtige, lustige oder spannende Stelle vorlesen • Die Auswahl individuell begründen	• Nadjas 1. Schultag S. 15 ff. bzw. ES S. 5 ff. • Tanz in den Mai S. 70 ff. bzw. ES S. 37 ff. • Lennards Unfall S. 158 ff. bzw. ES S. 77 ff.
	• Einen Textausschnitt mit verteilten Rollen lesen	• Eine Szene vor der Umänderung → **k.7** • Lennard und seine Mutter → **k.8**
	• Bestimmte Textinhalte auffinden	• »Wer sagt das?« → **k.5** (G, M) • Spitznamen zuordnen → **k.5** • Richtig oder falsch → **k.6** • Reaktionen → **k.7** (G, M) • Informationen finden → **k.8** • Eigenschaften der Figuren → **k.9**
	• Ein Kapitel oder einen Textabschnitt gestaltend vorlesen und aufnehmen	• Eine Szene spielen/umschreiben → **k.7** • Partyszene S. 67 ff. bzw. ES S. 37 ff. • Ausgewählte Stellen der Schlussszene mit Regenwetter S. 153 ff. bzw. ES S. 74 ff.
→ Strategien zum Leseverstehen kennen und anwenden		
• Leseerwartungen und -erfahrungen bewusst nutzen	• Eine Mindmap / ein Cluster mit Assoziationen erstellen (Impulse durch Titel, Umschlagbild/-text, Autor); damit einhergehend eine Leseerwartung aufbauen	• Stichwörter zum Thema »Mobbing« → **k.2** • Vermutungen anstellen, worum es gehen könnte
	• Bezüge zur eigenen Lebenswirklichkeit herstellen	• Gespräch zum Thema »Mobbing« → **k.2** • Gefühle benennen → **k.7** • Wandzeitung → **k.8** • Diskussion → **k.10**
• Textschemata erfassen, z. B. Textsorte, Aufbau des Textes	• Die Erzählkonstruktion analysieren	• Er-Form und Tagebucheinträge Jennifer (z. B. S. 79, 131 bzw. ES S. 42, 64 f.) in Ich-Form • Rückblenden S. 45 f., S. 88 bzw. ES S. 25 f., 46
• Verfahren zur Textstrukturierung kennen und selbstständig anwenden	• Wesentliche Textstellen kennzeichnen	• Körpersprache bei Gefühlen → **k.3** • Gefühle benennen → **k.7** • Verhaltensänderung der Figuren → **k.10**
	• Wichtige Informationen herausfiltern	• Richtig – falsch → **k.5** (G), **k.6** (G, M), **k.9** (G) • Textstellen finden → **k.6** • Fragen und Eigenschaften → **k.9** • Verhaltensveränderungen → **k.10**

Bildungsstandards	Methoden	Beispiele
• Verfahren zur Textstrukturierung kennen und selbstständig anwenden (Forts.)	• Kapitelüberschriften formulieren, austauschen und diskutieren	• Statt der Datumsangaben und Namen Kapitelüberschriften formulieren
	• Fragen aus dem Text ableiten	• Fragen erstellen → **k.9** (M, E)
	• Bezüge zwischen Textteilen herstellen	• Vergleich Lukas–Nadja → **k.4** • Situationen gegenüberstellen → **k.8**
• Verfahren zur Textaufnahme kennen und nutzen	• Texte und Textabschnitte stichwortartig zusammenfassen	• Reaktionen Lukas und Nadja → **k.7** • Verhaltensveränderungen → **k.10**
	• Eine Inhaltsangabe erstellen	• Inhaltsangabe → **k.9**
	• Einen Handlungsstrang mit eigenen Worten beschreiben	• Jennys Tag → **k.5** • Interview → **k.10**
	• Eine wichtige Textstelle visualisieren	• Wandzeitung → **k.8** • Nach Wahl
	• Fremdwörter nachschlagen und erläutern	• »to mob« → **k.2** • Bedeutungen erklären → **k.4**
	• Aussagen überprüfen	• Aussagen → **k.5** (G), **k.6** (G, M), **k.9** (G)
	• Aussagen erklären und konkretisieren	• Cyberbullying → **k.3** • Spitznamen → **k.5** • Aussagen → **k.9**
→ Literarische Texte verstehen und nutzen		
• Ein Spektrum altersangemessener Werke – auch Jugendliteratur – bedeutender Autorinnen und Autoren kennen	• Leben und Werk der Autorin / des Autors kennenlernen und mit ihr/ihm in Kontakt treten	• Infos zur Autorin über www.beltz.de • Briefe (bitte gesammelt) über den Verlag Beltz & Gelberg, Postfach 100154, 69441 Weinheim
	• Thematisch verwandte Jugendromane kennenlernen	→ **i.6** »Zum Informieren und Weiterlesen«
	• Einsatz anderer Medien / inhaltlich entsprechend orientierter Zusatztexte zur Erarbeitung der Romanthemen	• Internetrecherche → **k.3** • Info-Video gegen Cyberbullying → **k.3**
• Wesentliche Elemente eines Textes erfassen, z. B. Figuren, Raum- und Zeitdarstellung, Konfliktverlauf	• Den zeitlichen Verlauf des Romans erarbeiten und darstellen	• Anhand der Datumsangaben eine Zeitleiste erstellen
	• Eine Figurenkonstellation / ein Soziogramm erarbeiten	• Vorschlag Tanz in den Mai: Lennard–Nadja–Jennifer; Jennifer–Lukas
	• Die Beziehung zwischen Figuren herausarbeiten	• Beziehungen der Figuren aufzeigen → **k.5** • Lennard und seine Mutter → **k.8** • Verhaltensveränderungen → **k.10**
	• Figuren charakterisieren; relevante Textstellen mithilfe der Kapitelübersicht auffinden	• Vergleich Lukas–Nadja → **k.4** • Spitznamen Jennifer, Lukas → **k.5** • Eigenschaften und Verhaltensänderung → **k.9** • Verhaltensveränderungen → **k.10**
	• Handlungsräume analysieren, auch hinsichtlich der Symbolik	• Bedeutung Regenwetter • Wohnung/Gärten der Familien • Fußball
	• Ein Thema bzw. Motiv über den ganzen Roman hinweg verfolgen	• Die Einrichtung des Wohnzimmers • Das Wetter • Das Thema »Fußball«
	• Den Konfliktverlauf zwischen Figuren grafisch bzw. verbal darstellen	• Lennard und seine Mutter → **k.8** • Spannungsdiagramm → **k.10** • Vergleich der Beziehungen am Anfang und Ende
• Wesentliche Fachbegriffe zur Erschließung von Literatur kennen und anwenden	• Die Erzählperspektive wechseln: eine Textstelle aus anderer Perspektive (z. B. aus der Ich-Perspektive) erzählen	• Dialog Lennard und Jennifer → **k.5** (M, E) • Brief Lennard → **k.6** (G, M) • Eine Szene umschreiben → **k.7** • Jennifers Geschichte, Gespräch, Tagebuch → **k.10**

Bildungsstandards	Methoden	Beispiele
	• Leerstellen des Romans füllen	• Verhaltensweisen → **k.4** • Zusätzliches Kapitel schreiben → **k.10** • Interview und Verhaltensveränderungen → **k.10**
	• Den Spannungsverlauf untersuchen / eine Spannungskurve erstellen	• Spannungsdiagramm → **k.10**
	• Einen inneren Monolog einer Figur verfassen	• Tagebucheintrag Jennifer → **k.3** • Innerer Monolog Nadja → **k.3** (E)
• Sprachliche Gestaltungsmittel in ihren Wirkungszusammenhängen und in ihrer historischen Bedingtheit erkennen, z. B. Wort-, Satz- und Gedankenfiguren, Bildsprache (Metaphern)	• Die Namen von Figuren oder Gegenständen unter die Lupe nehmen	• Spitznamen Jennifer und Lukas → **k.5**
	• Sprachliche Bilder/Metaphern und mögliche Symbole im Text erkennen, ihre Bedeutung verstehen und über ihre Leistungen diskutieren	• Spitznamen Jennifer und Lukas → **k.5** • Wohnzimmer einräumen, die Gärten der Familien • Das Wetter • Thema Fußball
• Eigene Deutungen des Textes entwickeln, am Text belegen und sich mit anderen darüber verständigen	• Eine kontroverse Diskussion zu bestimmten Aspekten oder Figuren führen	• Cyberbullying, was hilft? → **k.3** • Verhaltensweisen → **k.4** • Antizipation → **k.7** • Reflexion → **k.10, k.11**
	• Mittels Alter-Ego-Technik die möglichen Gedanken von Figuren darstellen	• Tagebucheintrag Jennifer → **k.3** • Eine Szene umschreiben → **k.7**
	• Den Spannungs- bzw. Stimmungsbogen des Romans / eines Kapitels grafisch darstellen	• Spannungsdiagramm → **k.10**
	• Eine Rezension zum Roman verfassen	• Zum ganzen Roman
• Analytische Methoden anwenden	• Den Inhalt eines Textabschnitts rekonstruieren und wiedergeben	• Dominosteine → **k.2** (M) • Dialog Lennard und Jenny → **k.5** • Lückensätze ordnen → **k.4** (M) • Brief/Telefonat Jenny–Lennard → k. 6 • Sätze verbinden/ordnen → **k.4** (G, M), **k.9** (G, M) • Jennifers Geschichte → **k.10**
	• Handlungsmotive einer Figur herausarbeiten	• Vergleich Nadja–Lukas → **k.4** • Interview → **k.10**
	• Textstellen interpretieren und mit eigenen Worten erklären	• Aussagen (von Lukas) → **k.4** (M, E), **k.6** • Folgen und Auswirkungen → **k.7** • Glaubst du das? → **k.9** • Verhaltensveränderungen → **k.10**
	• Den thematischen Hintergrund des Romans erhellen	• Kreisgespräch → **k.2** • Diskussion → **k.3** • Reflexion → **k.10**
	• Eine gemeinsame Reflexion der Lektüre durchführen	• Verhaltensveränderungen und Reflexion → **k.10**
• Produktive Methoden anwenden	• Ein eigenes Lesetagebuch bzw. einen Leseordner zum Roman führen	• Zum ganzen Roman
	• Eine Fotostory bzw. einen Comic zu einem Kapitel des Romans erstellen	• Nach Wahl
	• Ein fiktives Interview mit einer Figur führen	• Lennards Unfall → **k.10** • Nadja und ihre Erfahrungen in der neuen Schule
	• Einen fiktiven Dialog zwischen Romanfiguren verfassen	• Dialog Jennifer–Lennard → **k.5** (M, E) • Dialog/Telefonat Jennifer–Lennard → **k.6** (E), **k.10** (G, E)
	• Gedanken und Gefühle der Figuren imaginieren	• Gefühle Nadja → **k.3** • Gefühle und Gedanken Nadja und Lukas → **k.7** • Verhaltensveränderungen → **k.10**

Bildungsstandards	Methoden	Beispiele
• Produktive Methoden anwenden (Forts.)	• Den Roman weiterdenken und schreiben	• Das letzte Kapitel schreiben → **k.10**
	• Eine Textstelle weiterschreiben	• Tagebucheintrag Jennifer → **k.3**
	• Eine Textstelle umschreiben	• Eine Szene umschreiben → **k.7**
	• Standszenen prägnanter Szenen darstellen und erraten lassen	• Nadjas erste Momente vor der Klasse • Die Präsentation des Referats
	• Einen Brief an eine Figur verfassen	• Brief Lennard → **k.6** (G, M)
	• Ein Kapitel in einen Tagebucheintrag umschreiben	• Tagebucheintrag Jenny → **k.3**
	• Eine Ich-Erzählung einer Figur verfassen	• Brief Lennard → **k.6** (G, M) • Jennifers Geschichte → **k.10**
	• Eine Reportage bzw. einen Zeitungsbericht über eine Textstelle verfassen	• Lennards Unfall → **k.10**
	• Ein literarisches Rollenspiel z. B. zu einer Szene durchführen	• Rollenspiel → **k.3** • Eine Szene umschreiben → **k.7**
	• Einen Handlungsort oder eine Szene malen, zeichnen oder nachbauen	• Nach Wahl
	• Einen Aspekt aus dem Roman in die Realität umsetzen	• Referate erarbeiten → **k.7** • Reflexion, Diskussion → **k.9, k.10**
	• Ein alternatives Titelbild erstellen	• Covergestaltung → **k.2**
	• Ein Plakat bzw. eine Collage zum Buch erstellen	• Wandzeitung → **k.8**
	• Ein Gedicht zu einem Kapitel verfassen	• Nach Wahl
• Handlungen, Verhaltensweisen und Verhaltensmotive bewerten	• Zu den Romanfiguren Stellung beziehen, ihr Verhalten und Handeln bewerten und kommentieren	• Vermutungen äußern → **k.3** • Die Rolle der Spitznamen → **k.5** • Verhaltensveränderungen und Diskussion → **k.10**
	• Sympathie/Antipathie zu den Figuren thematisieren	• Reflexion → **k.10**
→ Medien verstehen und nutzen		
• Informationsmöglichkeiten nutzen	• Internet- und Buchrecherche zu Themen des Romans	• Worterklärungen → **k.3** • Präsentationen → **k.7**
• Medien zur Präsentation und ästhetischen Produktion nutzen	• Powerpoint-Präsentationen bzw. Hypertexte erarbeiten, vorstellen und reflektieren	• Präsentationen → **k.7** • Nach Wahl

VORSCHLAG FÜR EINE UNTERRICHTSEINHEIT IN INKLUSIVEN KLASSEN

Der Roman »Nicht mit mir!« legt es nahe, im Unterricht die Auswirkungen von Mobbing zu thematisieren. Das unterschiedliche Verhalten der beiden Opfer Lukas und Nadja kann hierbei im Vergleich betrachtet werden. Insbesondere sollte der Fokus auf Nadja liegen, die sich mutig zur Wehr setzt. Gleichzeitig können das aktive und passive Verhalten der Täter:innen und deren Gründe für das Mobben analysiert werden. Der Roman kann dabei zum Anlass genutzt werden, um über mögliche Folgeschäden bei den Opfern zu sprechen und gleichzeitig über Konsequenzen für Täter:innen nachzudenken.

Die Lektüre bietet außerdem die Möglichkeit, Themen wie schwierige Familienverhältnisse, Schönheitsideale und Veränderungen während der Pubertät zu behandeln. Ein Augenmerk kann auf die im Buch dargestellten »typischen Geschlechtereigenschaften« gelegt werden, die heute immer mehr widerlegt und kritisiert werden. Auch sollte der Roman zum Anlass genommen werden, um über einen sorgsamen Umgang mit Medien zu reflektieren.

Die Ausgabe des Romans in Einfacher Sprache ermöglicht es, in inklusiven Klassen mit allen Lernenden eine gemeinsame Lektüre zu behandeln. Die Schüler:innen, die auf dem grundlegenden Niveau lernen, können mit der vereinfachten Textfassung arbeiten. Einfache Sprache entspricht dem Sprachniveau A2/B1 und richtet sich an Kinder mit LRS oder geringen Deutschkenntnissen. Wie die Originalfassung erstreckt sich die Fassung in Einfacher Sprache über etwa einen Monat, unterteilt in den Zeitraum vom 19. April bis zum 17. Mai mit einer Seitenanzahl von 85 Seiten und ist somit parallel verwendbar. Das Glossar ab S. 86 verhilft den Schüler:innen zu einem besseren Verständnis spezieller Ausdrücke. Auch assoziativ verwendete Begriffe werden erläutert (z. B. »Schneewittchen« als Spitzname).

Einstiegssequenz
(1–2 Stunden)

- Antizipation: Die Schüler:innen äußern Assoziationen zum Titel und zum Titelbild (Klassenzimmer) und antizipieren (mithilfe des Umschlagtextes) das Thema des Romans
- Deckblatt für Leseordner/Lesetagebuch gestalten
- Zeilometer **k.1** erstellen

Lektüre des Romans
(10–14 Stunden)

- Teils häuslich, teils im Unterricht (Vorlesen durch Lehrperson und Schüler:innen, stille Lesephasen)
- **k.2** bis **k.10** dienen zum Verständnis bzw. zur Vertiefung der Inhalte des Romans und können zur Gestaltung eines Leseordners/Lesetagebuchs genutzt werden.
- Weitere Anregungen aus der Methodenkiste dieses Heftes → **u.5**

Die Kopiervorlagen auf drei Niveaustufen bieten gerade den Lehrer:innen, die an Gemeinschaftsschulen oder in inklusiven bzw. stark heterogenen Klassen unterrichten, die Möglichkeit, alle Schüler:innen individuell zu fördern und ihnen Erfolgserlebnisse im Umgang mit dem Buch zu ermöglichen. Die Materialien bieten neben niveauunterschiedlichen Lernphasen in Einzel-, Partner- oder Gruppenarbeit immer wieder auch gemeinsame Phasen, in denen sich alle Schüler:innen der Lerngruppe über ihre Leseprozesse miteinander verständigen können. Fragestellungen, die auf allen drei Niveaustufen bearbeitet werden, sind entsprechend gekennzeichnet.

Schüler:innen, die auf dem grundlegenden Niveau lernen, können je nach Sprachstand mit der vereinfachten Textfassung arbeiten. Einfache Sprache entspricht dem Sprachniveau A2/B1 und richtet sich an Kinder mit LRS oder geringen Deutschkenntnissen.

Die Kopiervorlagen des G-Niveaus (G = grundlegendes Niveau) k.1 beziehen sich auf die Textfassung »Einfache Sprache«, die Kopiervorlagen des M-Niveaus (M = mittleres Niveau) k.1 und des E-Niveaus (E = erweitertes Niveau) k.1 auf die originale Textfassung.

Projektorientierte Phase
(4–6 Stunden)

Es bietet sich an, nach der Lektüre des Romans eine Projektphase mit den Lernenden durchzuführen. Die Schüler:innen können folgende Aspekte detailliert bearbeiten:

Der Roman
- Mögliche Textdeutungen und Interpretationen
- Motive und Symbolik
- Spannungsbogen
- Textrezeption der Klasse

Thematische Aspekte des Romans
- Mobbing und Cyberbullying
- Veränderungen während der Pubertät
- Familiäre und schulische Probleme

Es ist denkbar, dass die Schüler:innen hierbei in Gruppen-, aber auch in Einzel- oder Partnerarbeit vorgehen. Die Ergebnisse könnten entweder in den Leseordner/das Lesetagebuch aufgenommen oder in Form einer Wandzeitung ausgestellt werden. Die Projektphase sollte in einer Präsentation münden. Andere Lerngruppen und Eltern könnten zur Ausstellung der Wandzeitung eingeladen werden.

Reflexion der Lektüre
(2–3 Unterrichtsstunden)

- Präsentation von Arbeitsergebnissen aus dem Leseordner/Lesetagebuch
- Verfassen einer Rezension
- Anti-Mobbing-Videos bzw. Info-Broschüre erstellen
- Abschließendes Gespräch über die Lektüre

(i) Infoblätter

© Susanne Weigert

i.1 DIE AUTORIN CHRISTINE BIERNATH

Christine Biernath wurde 1961 in Weilheim/Teck geboren und arbeitete nach dem Abitur mehrere Jahre als Fremdsprachenkorrespondentin für verschiedene Nürnberger Unternehmen, bis sie sich schließlich ihren Traum erfüllte und nach der Geburt ihres Sohnes mit dem Schreiben begann.

Ihre Romane richten sich insbesondere an Jugendliche und deren Probleme im Alltag und während des Erwachsenwerdens. Auch vor gesellschaftlich immer noch brisanten Themen wie ungewollte Schwangerschaft oder häusliche Gewalt schreckt sie nicht zurück.

Heute lebt Christine Biernath mit ihrem Mann und ihrem Sohn im Nürnberger Land.

Werke

- **Innen sieht es anders aus.** Stuttgart/Wien: Gabriel Verlag, 2005.
- **Bauchgefühl.** Stuttgart/Wien: Gabriel Verlag, 2006.
- **Laura & Tayfun.** Stuttgart/Wien: Gabriel Verlag, 2007.
- **Keinen Schlag weiter!** Stuttgart/Wien: Gabriel Verlag, 2007.
- **Leben auf Sparflamme.** Stuttgart/Wien: Gabriel Verlag, 2008.
- **Hochprozentiges Spiel.** Stuttgart/Wien: Gabriel Verlag, 2008.
- **Von wegen, es ist Schluss.** Stuttgart/Wien: Gabriel Verlag, 2009.
- **Nicht mit mir!** Stuttgart/Wien: Gabriel Verlag, 2010 – Weinheim/Basel: Beltz & Gelberg, 2012.

i.2 INTERVIEW MIT DER AUTORIN CHRISTINE BIERNATH: »ICH FREUE MICH, WENN MEINE FIGUREN SCHLAGFERTIG SIND«

Christine Biernath über Ihre Idee zum Roman, die Erzählkonzeption und ihre Lieblingsstellen

? *Frau Biernath, wie kamen Sie auf die Idee, »Nicht mit mir!« zu schreiben?*

Auslöser war die »Lizenz zum Essen« von Dr. Gunter Frank. Dieses Buch hat mir besonders deutlich vor Augen geführt, wie sehr wir uns von unrealistischen, beinahe diktatorischen Schönheits- und Schlankheitsidealen (ver)leiten lassen. So entstand die Idee, ein Plädoyer zu schreiben für einen entspannten, freundlichen Umgang mit dem eigenen Körper, unabhängig davon, ob er irgendwelchen Idealen entspricht oder nicht. Der Verlag hat dann den ursprünglich als Randthema geplanten Mobbingaspekt in den Mittelpunkt der Geschichte gerückt.

? *Wie haben Sie sich über Formen von Mobbing bzw. Cybermobbing unter Jugendlichen informiert?*

Das war nicht besonders schwer, weil es im Internet viele Seiten zu diesem Thema gibt, auf denen sich Betroffene austauschen und Hilfe suchen. Die Fragen zu sozialen Netzwerken und den Abläufen dort hat mir mein Sohn beantwortet.

Gibt es eine Lieblingsstelle von Ihnen?

Ja. Im Grunde sogar zwei. Einmal die, an der Nadja Sabrina vorschlägt, sich auf die Warteliste für eine Gehirntransplantation setzen zu lassen, und dann die Szene, in der Lennard zu Julian sagt: »Ein eigener Gedanke würde in deinem Kopf einsam verrecken.« Da ich selbst alles andere als schlagfertig bin, freue ich mich immer, wenn meinen Figuren die passende Antwort zur richtigen Zeit einfällt.

Und Ihre Lieblingsfigur?

Das ist Lennard. Der leidet sehr unter der Trennung seiner Eltern und darunter, dass seine Mutter ihre Enttäuschung über die gescheiterte Ehe und die Wut auf ihren Ex-Mann immer wieder auch an ihrem Sohn auslässt. Dessen Attacken auf Lukas hatten ursprünglich fast etwas von einem Hilfeschrei; Lennard sollte nie der »klassische Böse« sein. Allerdings fürchte ich, dass meine Sympathien für ihn im fertigen Roman nicht mehr wirklich nachvollziehbar sind.

Wie lange haben Sie am Roman geschrieben? Wie oft haben Sie das Manuskript überarbeitet?

Im Fall von »Nicht mit mir!« war der Schreibprozess ziemlich mühselig. Ich habe allein zehn verschiedene Anfänge ausprobiert, bis ich das Gefühl hatte, die richtige Erzählstimme gefunden zu haben.

Mit dem Schreiben begonnen habe ich Anfang April 2009, aber erst im Februar 2010 war das Manuskript so weit, dass die Lektorin und ich fanden, es sei fertig. Wie oft ich die Geschichte in dieser Zeit überarbeitet habe, kann ich gar nicht sagen, denn ich nehme schon während des Schreibens ständig Änderungen vor. Was ich allerdings sagen kann, ist, dass es fünf Fassungen dieses Romans gibt.

Ihre Erzählkonzeption ist außergewöhnlich: Sie lassen jede Figur aus der jeweiligen Sichtweise in der Er- bzw. Sie-Form erzählen. Warum haben Sie sich dazu entschieden?

Ursprünglich wollte ich alle Figuren in der Ich-Form erzählen lassen, wobei Nadja E-Mails und Jennifer Tagebuch schreiben sollte. Allerdings hat mich das nach den ersten 20, 25 Seiten nicht wirklich überzeugt, und ich bin zur personalen Perspektive übergegangen. Dabei gab es anfangs noch etliche Einschübe wie »Nadja macht dies«, »Lukas tut das«, »Jenny denkt« und »Lennard sagt«. Beim Überarbeiten wurde die Sprache immer knapper, bis die einzelnen Passagen schließlich so kurz waren, dass es sich anbot, nur noch den Namen der jeweiligen Figur darüber zu setzen und ganz in »ihn« oder »sie« hineinzuschlüpfen.

Stand das relativ offene Ende des Romans für Sie von Anfang an fest oder hat es sich im Schreibprozess ergeben?

Wie meine Romane ausgehen, ergibt sich meistens erst während des Schreibens, und das war auch in diesem Fall so. In der ersten Fassung des Endes haben Lennard und Lukas noch am hellen Tag versucht, vor der einfahrenden S-Bahn die Gleise zu überqueren. Sie haben den Lokführer zu einer Notbremsung gezwungen und sind dann davongelaufen. Dieses Szenario hätte allerdings so viele rechtliche Konsequenzen nach sich gezogen, dass das ein Thema für sich gewesen wäre.

Im Roman finden sich einige metaphorische bzw. symbolhafte Elemente. Kommen diese Textelemente Ihnen spontan in den Sinn oder sind sie Ergebnis gezielter Überlegungen?

Das passiert spontan. So spontan, dass es mir nicht einmal jetzt, beim erneuten Lesen, aufgefallen ist.

Die Lehrerin Frau Thiel scheint ja weder etwas vom Mobbing mitzubekommen noch etwas gegen die fiesen Sprüche zu unternehmen. Haben Sie die Rolle der Lehrerin bewusst im Hintergrund gehalten?

Über Frau Thiel und ihr Verhalten habe ich während des Schreibens so gut wie gar nicht nachgedacht. Diese Figur ist ganz von selbst entstanden. Möglicherweise hat ihre Passivität etwas mit der Hilflosigkeit zu tun, die ich selbst beim Thema Mobbing empfinde.

Die Romanhandlung wird vor allem von starken Mädchen und Frauen getragen. Ist das Zufall?

Eigentlich sollten die vier Hauptfiguren gleich stark gewichtet sein. Wenn nun die Mädchen als dominant empfunden werden, war das nicht beabsichtigt.

Wie kam es zum Buchtitel »Nicht mit mir!«?

Das war eine Idee des Verlags.

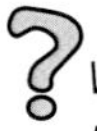 *Wie würden Sie sich die Behandlung Ihres Romans im Unterricht wünschen?*

Am liebsten wäre mir natürlich, »Nicht mit mir!« würde freiwillig gelesen. Allerdings ist mir klar, dass »Freiwilligkeit« und »Schullektüre« sich weitgehend ausschließen. Deshalb fände ich es gut, wenn die Schüler:innen z. B. in Form einer Rezension festhalten könnten, was ihnen gefallen, aber auch, was ihnen nicht gefallen hat, und warum. Dabei ergeben sich oft sehr interessante Aspekte.

 *Dürfen wir uns auf weitere Romane von Ihnen freuen?*

Ich habe den Kopf voller Ideen, und natürlich hoffe ich, dass die eine oder andere den Weg zwischen Buchdeckel finden wird.

Interview: Miriam Schmitt, Marc Böhmann (Dezember 2011)

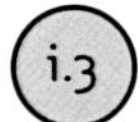

MOBBING UND CYBERMOBBING/CYBERBULLYING

Mobbing

Das Wort *Mobbing* oder *Mobben* stammt aus dem Englischen »(to) mob« und bedeutet so viel wie *anpöbeln, angreifen, bedrängen* oder auch *Meute, Bande.*

Es gibt keine eindeutig festgelegte Definition des Begriffs, doch die Auslegung von Heinz Leymann aus dem Jahr 1993 gilt als besonders zutreffend. Er umschreibt Mobbing als:

»Negative kommunikative Handlungen (von einer Person oder mehreren Personen), die gegen eine Person (oder mehrere Personen) gerichtet sind und die ***sehr oft*** *und* ***über einen längeren Zeitraum*** *hinaus vorkommen und damit die Beziehung zwischen Täter und Opfer bestimmen.«*

Wobei sich »sehr oft« und »über einen längeren Zeitraum« laut Experten auf »mindestens einmal pro Woche« und »mindestens über sechs Monate« bezieht.

Mobbing richtet sich meist gegen einzelne Menschen, die durch regelmäßige öffentliche Demütigungen und Schikanen einer Gruppe von Leuten aus dem Betrieb, der Schulklasse, dem Verein o. Ä. gedrängt werden sollen. Oft stehen verbale und virtuelle Attacken körperlichen Angriffen gegenüber im Vordergrund und zielen eher auf seelische Verletzungen und Einschüchterung ab. Die Opfer von Mobbing haben meist keine Chance, allein gegen die willkürlichen Attacken vorzugehen, vor allem wenn es sich neben dem *direkten Mobbing* wie beschimpfen, bedrohen, auslachen u. a. um *indirektes Mobbing* handelt: Isolieren, ausgrenzen, Informationen vorenthalten oder falsch weitergeben, Ruf schädigen etc.

Von Expert:innen wird jedoch empfohlen, als Opfer schon durch kleine Signale möglichst schnell ein Stopp-Zeichen zu setzen, damit bei den Täter:innen gar nicht erst der Gedanke aufkommt, ein leichtes Opfer gefunden zu haben. Auch zum Informieren von Vorgesetzten, Lehrer:innen, Eltern oder anderen verantwortlichen Personen wird dringend geraten. Hierfür kann ein »Mobbingtagebuch« hilfreich sein, in dem Ort, Datum, Zeit, Art und Weise des Mobbings und eventuell dadurch auftretende körperliche Beschwerden bis hin zu Arztbesuchen festgehalten werden.

Mobbing bleibt nie ohne Folgen für die Opfer. Von psychisch-emotionalen Leiden wie Angstzuständen, Verunsicherung und Verzweiflung über Depressionen, Isolation und Schlafstörungen kann es zu physischen Beschwerden, in schweren Fällen bis zum Selbstmord, führen.

Doch was kann man gegen Mobbing tun? Die oberste Regel lautet: Nie wegsehen! Weder als Opfer noch als Zuschauer:in. Man sollte sich sofort durch ein eindeutiges Zeichen wehren oder den Schikanen selbstbewusst-desinteressiert gegenübertreten. Außerdem wird dringend geraten, Hilfe von Außenstehenden einzuholen (Eltern, Lehrer:innen, Sozialarbeiter:innen etc.), wovor jedoch viele Opfer aus Scham oder Angst zurückschrecken.

Cybermobbing/Cyberbullying

Das ebenfalls aus dem Englischen stammende Wort hat die gleiche Bedeutung wie Mobbing, bezieht sich aber auf die *virtuelle Welt*: Im Internet, in Chatrooms, auf Community-Seiten etc. werden die Opfer für die Öffentlichkeit sichtbar belästigt, beschimpft, attackiert (»Hate Speech«) oder durch gefälschte Fotos und Gerüchte blamiert. Was diese Art der Schikane meist noch unerträglicher macht als das direkte Mobbing, sind folgende Tatsachen:

- Die Täter:innen (*Bullies* genannt) blamieren das Opfer vor aller Öffentlichkeit.
- Die Täter:innen verstecken sich hinter nicht identifizierbaren Accounts oder Namen und bleiben somit anonym. Das Opfer kann nur vermuten, von wem es schikaniert wird.
- Die Opfer können sich somit nicht direkt Hilfe holen oder sich wehren. Die Folge ist, dass Eltern, Lehrkräften und Mitschüler:innen das Mobbing kaum auffällt oder die Opfer selbst zu Täter:innen werden.
- Der sogenannte *Online-Disinhibition-Effect (Online-Enthemmungseffekt)* führt dazu, dass die Täter:innen das Ausmaß ihrer Verletzungen nicht einschätzen können oder nicht mehr darüber reflektieren und dies durch fehlende Kontrolle und Konsequenzen auch nicht mehr müssen.
- Eine Studie von »Cyberlife IV – Cybermobbing bei Schülerinnen und Schülern« aus dem Jahr 2022 sagt, dass mehr als 1,8 Millionen Schüler:innen (16,7 %) davon betroffen sind.
- Die Telekom versucht mit Aufklärung und Werbung gegen Mobbing und Cyberbullying vorzugehen (https://www.telekom.com/de/konzern/themenspecials/gegen-hass-im-netz).

Um virtuelles Mobbing zu verhindern oder einzudämmen, ist es äußerst wichtig, Kinder und Jugendliche über das Internet aufzuklären, über die virtuellen Nutzungsgewohnheiten der Kinder informiert zu sein und sicherzustellen, dass sie nur seriöse Seiten nutzen. Bei sozialen Netzwerken wie *Facebook, Instagram, X (ehemals Twitter), TikTok* etc. sollte man darauf achten, dass ein:e Nutzer:in einen auffälligen Account melden kann und der Anbieter diesen im Notfall löscht oder gefälschte Fotos von der Plattform nimmt. Prävention ist wichtig und einfacher als das Recherchieren im Nachhinein, denn oft werden demütigende Daten oder Accounts nicht schnell genug aus dem Netz entfernt.

WEITERFÜHRENDE LITERATUR

Links und Bücher für Jugendliche

- https://mobbing-schluss-damit.de
- www.schueler-gegen-mobbing.de
- Cybermobbing-Studie: https://www.zdfheute.de/panorama/cyber-mobbing-jugendliche-jugend-studie-100.html
- Cybermobbing-Hilfe: www.juuuport.de
- www.telekom.com/de/konzern/themenspecials/gegen-hass-im-netz

- Kristin Holighaus: **Zoff in der Schule. Tipps gegen Mobbing und Gewalt.** Weinheim: Beltz & Gelberg, 2004.
  Flott geschriebener Ratgeber mit vielen Tipps und Vorstellung des Streitschlichtermodells (im Buchhandel vergriffen).

- Andreas Brettschneider: **Die Falle.** Berlin: Ueberreuter, 2024.
  Victor versucht, sich mit außergewöhnlichen Mitteln gegen Mobbing zur Wehr zu setzen.
- Michael Gerard Bauer: **Nennt mich Ismael.** München: Hanser, 2008.
  Ismael leidet unter der Sprache, die James gut beherrscht.
- Jutta Krähling: **Blau wie die Liebe.** München: dtv junior, 2003.
  Endlich geht Pascal mit Melanie aus. Doch sie stellt fest, dass sie nur das Objekt einer fiesen Wette war.
- Eloy Moreno: **Unsichtbar.** Berlin: Fischer/Sauerländer, 2024.
  Leidensgeschichte eines namenlosen Jungen, der in der Schule gemobbt wird.
- Cary Slee: **Schrei in der Stille.** Würzburg: Arena, 2011.
  Jochen wird gemobbt. Sein Freund David ist zu feige, ihm zu helfen ...
- Antje Szillat: **Rache@.** Neureichenau: Edition Zweihorn, 2009.
  Ben wird nach einem Umzug auch vom Mathelehrer gemobbt und ersinnt mit seinem Freund Marcel einen Racheplan via Internet.
- Annika Thor: **Ich hätte Nein sagen können.** Weinheim: Beltz & Gelberg, 2008.
  Nora, selbst Außenseiterin, steht dem Mobbingopfer Karin leider trotzdem nicht zur Seite.

Links und Bücher für Erwachsene

- https://deutsches-schulportal.de/schulkultur/mobbing-in-der-schule-so-reagieren-lehrkraefte-richtig/
- https://www.ardmediathek.de/video/respekt/was-ist-mobbing/ard-alpha/Y3JpZDovL2JyLmRlL3ZpZGVvLzg5ZTE4ZTc2LWUzNTQtNGIxYS05NmI1LWM4ZDM3NTc5ZTg3Yw
- https://www.familie.de/schulkind/tipps-gegen-mobbing-fuer-eltern-und-kinder/
- Mobbing in der Schule: Ratgeber »Was kann ich tun?« (familienhandbuch.de)
- https://www.helles-koepfchen.de/mobbing-an-schulen.html
  Auch für Jugendliche geeignet.

- Matthias Böhmer/Georges Steffgen: **Mobbing an Schulen, Maßnahmen zur Prävention, Intervention und Nachsorge.** Wiesbaden: Springer, 2020.
- Klaus Hurrelmann/Heidrun Bründel: **Gewalt an Schulen. Pädagogische Antworten auf eine soziale Krise.** Weinheim: Beltz, 2. Aufl. 2009.
- Mustafa Jannan: **Das Anti-Mobbing-Buch. Gewalt an der Schule – vorbeugen, erkennen, handeln. Mit Elternheft und Materialien zum Cyber-Mobbing.** Weinheim: Beltz, 4. Aufl. 2015.
- Mustafa Jannan: **Das Anti-Mobbing-Elternheft. Schüler als Mobbing-Opfer – Was Ihrem Kind wirklich hilft.** Weinheim: Beltz, 2. Aufl. 2010.
- Wolfgang Kindler: **Mobbing – Fehler vermeiden, gute Lösungen finden.** Weinheim: Beltz, 2020.
- Wolfgang Kindler/Lioba Pötter: **66 Aktivitätskarten gegen Mobbing in der Schule und in Gruppen.** Weinheim: Beltz, 2021.
- Horst Lehner/Denise Vervoort: **Das Interventionsbuch: Mobbing an Schulen stoppen. Mit Online-Materialien.** Weinheim: Beltz, 2017.
- Dan Olweus: **Gewalt in der Schule. Was Lehrer und Eltern wissen sollten – und tun können.** Bern: Hans Huber, 4. Aufl. 2006.
- John Palfrey/Urs Gasser: **Generation Internet. Die Digital Natives: Wie sie leben – was sie denken – wie sie arbeiten.** München: Hanser, 2008.
- Walter Taglieber: **Berlin-Brandenburger Anti-Mobbing-Fibel. Was tun wenn.** Ludwigsfelde: Landesinsitut für Schule und Medien Berlin-Brandenburg, 4. Aufl. 2008.
  Download unter https://bildungsserver.berlin-brandenburg.de/fileadmin/bbb/themen/Gewaltpraevention/Broschueren/BB-BE_Anti-Mobbing-Fibel.pdf

FIGURENKONSTELLATION

i.5

Nadja
Protagonistin, Einzelkind, ist umgezogen, Schulwechsel, wird gemobbt, wehrt sich mutig, kreativ, **beste Freundin Ellie**, gutes Verhältnis zur Mutter, Mutter hat als Ärztin eigene Praxis

Lukas Angermann
(ehemals Lucky, heute Fatso, »Predator«): ehemals bester Torwart, heute übergewichtig, absolutes Mobbingopfer, spielt Internetfußball gegen »MaraDonna«, war mal Jennifers bester Freund, nette Familie mit **Geschwistern Lauritz und Lisa**

Ellie
unterstützt Nadja jederzeit

Sabrina & Michelle
die weiblichen »Mobber«, stehen auf Schminke und Alkohol, schrecken vor keiner Mobbingattacke zurück: verbal, virtuell mit gefakten Fotos etc.

Jennifer Kraheberger
(Schneewittchen, »MaraDonna«): schlank, Fußballerin, trainiert Bambinis, spielt Internetfußball gegen »Predator«, war mal beste Freundin von Lukas, in einer **Beziehung mit Lennard**, hat Bedenken wegen Mobbingclique, leidet unter »Lesben«-Gerücht wegen Fußball, idyllische Familie mit **Bruder Freddy**

Dominik & Julian
die männlichen »Mobber«, mobben neben verbalen Gemeinheiten v. a. durch körperliche Attacken beim »Arschbolzen, Strippen« etc.

Lennard Müller
trainiert im Fitness-Studio, nach Wechsel von Realschule auf Gymnasium Gefahr sitzenzubleiben, in einer **Beziehung mit Jennifer, Vater hat** mit neuer **Freundin Dana** ein Kind, Mutter psychisch am Ende, Mutter ist Arzthelferin bei Nadjas Mutter (Zahnärztin)

Frau Thiel
Lehrerin, bei der Nadja und Lukas Referat halten, schreitet bei Gemeinheiten nicht ein

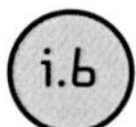

Tabellarische Kapitelübersicht

Kapitel	Seite (ES)	Erzähltes Geschehen
1 So, 19.04.	7–12 (5–8)	Nadja und Ellie sprechen am Telefon über Nadjas bevorstehenden ersten Schultag. Nadja ist positiv aufgeregt, während Lennard, ein zukünftiger Klassenkamerad, der von der Realschule aufs Gymnasium gewechselt hat, weder vom Schulstart noch von der Freundin seines Vaters begeistert ist. Auch Jenny, Lennards Freundin, freut sich wegen der Mobbingattacken der »Clique« nicht sehr auf die Schule und hat auch noch das Online-Fußballmatch gegen den »Predator« verloren. Lukas, der »Predator«, hat Angst vor dem beschämenden Video, das wahrscheinlich von der Clique im Internet veröffentlicht wurde.
2 Mo, 20.04.	15–29 (9–18)	Nadja muss sich bereits am ersten Schultag Beleidigungen von Mitschüler:innen anhören, als sie neben der schlanken Jennifer Platz nimmt. Wenigstens kann sie sich später ihrer Freundin Ellie anvertrauen. Während Jennifer die Bambinis trainiert, kämpfen Lennard und Lukas mit ihren Problemen: Lukas muss beim »Arschbolzen« mal wieder das Opfer spielen, Lennards Mutter ist mal wieder völlig überfordert und reagiert über.
3 Di, 21.04.	33–39 (19–23)	Als Nadja an sich und ihrem Körper zweifelt, erhält sie aufbauende Unterstützung von ihrer Mutter, die sie gleichzeitig vor Essstörungen warnt. Nadja wehrt sich daraufhin in der Schule gegen Sabrinas Spruch. Jennifer bewundert Nadja insgeheim für ihren Mut, findet dann aber die Fotomontage von Nadja im Internet, die Sabrina und Michelle bereits mit bösen Kommentaren versehen haben. Lukas hat Angst davor, zur Schule zu gehen, da Nadjas neues Fake-Foto bestimmt Lukas' fiese Bilder vom Abschlussball wieder in Erinnerung ruft.
4 Mi, 22.04.	43–47 (24–27)	Lukas hat es mithilfe von Zahnpasta- und Seifeschlucken geschafft, wirklich krank zu werden und sich so vor der Schule drücken zu können. Lennard verteidigt Nadja, als ihm die Mobbingclique das gefakte Foto zeigt und er sich an die fiesen Bilder vom übergewichtigen »Fatso« in zu knapper Badehose erinnert, die die Gruppe ebenfalls im Internet hochgeladen hatte.
5 Fr, 24.04.	51–54 (28–30)	Ellie hilft beim Einräumen des Wohnzimmers und stößt auf die Fotomontage von Nadja im Internet. Sie ist entsetzt, hat aber schon eine Idee, wie Nadja sich dagegen wehren könnte.
6 Mo, 27.04.	57–64 (31–36)	Nadja holt sich bei Ellie noch einmal seelischen Beistand, bevor sie zur Schule geht und dort vor der ganzen Klasse ihren Körper präsentiert, um klarzustellen, dass das Bild im Internet eine Montage ist. Lukas ist froh, endlich mal nicht das Opfer zu sein. Nachdem Lennard gesehen hat, wie mutig Nadja sich zur Wehr setzt, bereut er seine eigene Feigheit, die ihn dazu gebracht hat, in der Schule abzusacken und bei den Gemeinheiten mitzumachen. Er will sich im Fitnessstudio abreagieren, wo er auf Nadja trifft. Lennard fasst seinen Mut zusammen und fragt Nadja, ob sie auch zum »Tanz in den Mai« käme. Nadja lässt sich schließlich von Ellie überzeugen, hinzugehen.
7 Do, 30.04.	67–73 (37–40)	Jennifer wird von Sabrina und Michelle für die Party abgefüllt und übertrieben geschminkt. Lennard ist darüber nicht sehr erfreut: Als Jennifer auch noch erfährt, dass Lennard Nadja eingeladen hat, verlässt sie die Party frühzeitig.
8 Fr, 01.05.	77–79 (41–43)	Lukas wacht nach der Party mit dickem Kopf auf und erinnert sich erst nach Lennards Anruf an die Blamage vom Vorabend: Er wurde abgefüllt und hat beim anschließenden peinlichen Karaoke-Auftritt den ersten Platz gewonnen: ein Probe-Abo im Fitnessstudio. Jennifer schämt sich für den Abend und hat die Nase voll von der Clique und deren Gemeinheiten.
9 So, 03.05.	83–88 (44–46)	Lennard fühlt sich bei seinem Vater und dessen Freundin Dana völlig fehl am Platz. Daran ändert auch der Versuch eines Vater-Sohn-Gesprächs nichts, bei dem sich nur wieder zeigt, wie wenig der Vater über Lennard und sein Leben weiß. Jennifers Sieg gegen den »Predator« beim Fußball im Internet hebt ihre Laune etwas. Trotzdem hat sie ein schlechtes Gewissen Lennard gegenüber wegen der Party. Lukas freut sich wahnsinnig über den ersteigerten WM-Ball von 1998, bis er eine MMS erhält, auf der sein beschämender Auftritt beim »Tanz in den Mai« zu sehen ist.

Kapitel	Seite (ES)	Erzähltes Geschehen
10 Mo, 04.05.	91–101 (47–53)	Nadja meldet sich freiwillig für ein Referat in der Schule. Lennard bietet sich als Partner an. Als die Wahl aber auf Lukas fällt, machen sich Sabrina und die anderen sofort lauthals über das »übergewichtige Team« lustig. Lukas wird anschließend im Fitnessstudio Zeuge von Lennards Demütigung, als dieser erfährt, dass seine Mutter den Vertrag des Studios ohne sein Wissen gekündigt hat. Lennard ist so wütend, dass er Lukas auf dem Heimweg beim Überqueren der Gleise im Stich lässt. Erst nach Nadjas Aufforderung hilft er Lukas aus dem Gleisbett hoch auf den Bahnsteig. Daheim will Lennard seiner Wut endlich Luft machen, schluckt den Ärger aber beim Anblick seiner labilen Mutter wie immer hinunter.
11 Di, 05.05.	105–111 (54–58)	Jennifer versucht Lennard klarzumachen, dass das Mobbing an Lukas ein Ende haben muss. Auch auf dem Sportplatz wird sie wieder Zeuge von den Demütigungen. Sie schämt sich dafür, nie helfend eingegriffen zu haben, und startet einen halbherzigen Versuch, Lukas vor einer erneuten Blamage zu bewahren. Lennard versteht Jennifers Sorge nicht. Seiner Meinung nach findet Lukas das alles witzig.
12 Mi, 06.05.	115–120 (59–61)	Da Lukas Nadja trotz des anstehenden Referats aus dem Weg geht, besucht diese ihn kurzentschlossen daheim und stellt dabei Interessantes fest: Jennifer spielt Fußball, Lukas' Gesicht ist durch einen angeblichen »Fußballunfall« lädiert und beide können sich beim Referat durch ihre unterschiedlichen Fähigkeiten unterstützen. Lukas entschuldigt sich sogar für seinen blöden Spruch an Nadjas erstem Schultag.
13 Fr, 08.05.	123–126 (62–63)	Lennard macht sich nach dem letzten Fußballspielen doch Sorgen um Lukas, dessen Gesicht nach einem Volltreffer übel zugerichtet ist. Doch bevor er Lukas besuchen kann, muss er seinen Wohnungsschlüssel bei der Arbeitsstelle seiner Mutter abholen. In der Arztpraxis trifft er auf Nadja, die ihrer Mutter, der Chefin, aushilft. Er erfährt, dass seine Mutter sich wegen Überforderung auf der Toilette eingeschlossen hat.
14 Sa, 09.05.	129–134 (64–66)	Während Jennifer langsam unter dem Leidensdruck und ihrem schlechten Gewissen zusammenbricht, hat Lennard Angst um seine Mutter. Beide fühlen sich momentan alleingelassen. Nadja findet zum Glück in ihrer Freundin Ellie immer eine gute Zuhörerin.
15 So, 10.05.	137–139 (67–68)	Lukas erträgt das »idyllische« Familienleben nicht mehr, bei dem niemand sehen will, was in seinem Leben wirklich los ist. Wenigstens baut ihn die zufällige, kurze Begegnung mit Nadja im Fitnessstudio wieder ein wenig auf.
16 Mo, 11.05.	143–150 (69–73)	Das Referat, das inhaltlich eigentlich gelungen ist, endet durch die fiesen Sprüche der anderen und Lukas' Nervosität fast in einem Desaster. Doch diesmal beweist Jennifer Mut, als sie am Ende der Präsentation zu klopfen beginnt und einige Mitschüler – darunter Lennard – mit einstimmen. Nadja möchte wieder auf ihre alte Schule wechseln, gibt aber der Bitte ihrer Mutter nach, noch nicht aufzugeben.
17 Do, 14.05.	153–164 (74–80)	Lennard versucht seine innere Leere und körperliche Anspannung mit Fußball zu kompensieren und verabredet sich mit Lukas auf dem Sportplatz. Dieser ist nicht begeistert, schon wieder das willenlose Opfer sein zu müssen. Doch diesmal wendet sich das Blatt: Als Julian und Dominik über Lennards Mutter herziehen, verteidigt Lennard seine Mutter und auch Lukas. Er ist aber so wütend, dass er auf dem Heimweg beim hastigen Überqueren der Gleise ausrutscht und von der S-Bahn überrollt wird. Lukas, der Lennard gefolgt ist, und Nadja, die gerade nach Hause fahren will, bekommen den Unfall mit und leisten Erste Hilfe.
18 So, 17.05.	167–174 (81–85)	Jennifer, Lukas und Nadja besuchen Lennard im Krankenhaus, der Glück hatte, sein Bein behalten zu können. Nadja bietet ihm Nachhilfe an, damit Lennard eine Chance hat, die Klasse trotz der langen Fehlzeit zu bestehen. Jennifer und Lukas schaffen es nach Jahren endlich einmal wieder, ungestört miteinander zu reden. Sie stellen fest, dass sie die ganze Zeit unbewusst im Internet gegeneinander Fußball gespielt haben, und verabreden diesmal das nächste Spiel bewusst für den Nachmittag.

k.1

Lesezeichen und Zeilometer

Dieses Lesezeichen ist eine Hilfe dabei, einzelne Textstellen zu finden oder dich mit deinen Mitschülern/innen über bestimmte Textstellen zu unterhalten. Lege dazu einfach das Zeilometer an den oberen Buchrand. Die Zahlen sind dann die jeweiligen Zeilen. Du kannst dein Zeilometer auch individuell gestalten.

Check Kapitel 1 und 2

Nadja kommt neu in die Klasse. Und merkt schnell, dass es hier schlimm zugeht.

1. Der Umschlagtext sagt noch nicht viel über die Figuren und den Inhalt aus.

a) Schreibe die folgende Inhaltsangabe zu den Seiten 5 bis 18 mit ausgefüllten Lücken in dein Heft oder Lesetagebuch. Nutze den Tippkasten.

Nadja wechselt nach einem ______ die Schule und kommt in eine neue Klasse. Ihre beste Freundin ______ macht ihr Mut.
Lennard, der von der Realschule auf das ______ gewechselt hat, ist mit Jennifer zusammen. Sie findet ihre glückliche Familie fast schon ______. Außerdem sorgt sich Jenny um Lukas, weil er geärgert wird.
Lukas befürchtet, dass ______ von ihm online gestellt wurden. Er hat Angst vor blöden ______.
Auch ______ muss sich gleich an ihrem ersten Schultag fiese Sprüche anhören. Nach dem Unterricht spielen Dominik, Julian und Lennard mit Lukas ______. Jenny spielt auch Fußball und ______ sogar die Kleinen.
Als Lennard heimkommt, weint seine Mutter. Sie denkt, dass alle sie für ______ halten.

Diese Wörter passen in die Lücken:
Nadja • Arschbolzen • Gymnasium • Sprüchen • trainiert • Ellie • blöd • Umzug • unerträglich • Videos

b) Übertrage die Tabelle in dein Heft oder Lesetagebuch und sortiere die Aussagen zur jeweiligen Person.

Nadja	Jennifer	Lennard	Lukas
Umzug			

~~Umzug~~ | »Schneewittchen« | trainiert Bambinis | muss »Arschbolzen« spielen | Mutter weint | spielt Fußball | beste Freundin Ellie | küsst Lennard | »Fatso« | Bruder Freddy | Mutter ist Zahnärztin | mag Dana nicht

2. Schreibe Antworten zu den untenstehenden Fragen auf. Tauscht euch anschließend über eure Antworten erst zu zweit, dann in der Klasse aus (*Think – Pair – Share).*

- Einige aus der Klasse beleidigen Nadja schon am ersten Schultag. Auch Lukas wird geärgert. Warum machen die anderen so etwas?
- Was ist für dich Mobbing?

Think – Pair – Share: Diese Methode dient dazu, Ideen und Gedanken zu einer Frage zunächst allein zu sammeln (**Think**). Diese werden dann mit einer Partnerin oder einem Partner ausgetauscht und weiterentwickelt (**Pair**). Zum Schluss tauschen sich jeweils zwei Paare oder die ganze Klasse zu ihren Ideen und Gedanken aus (**Share**).

3. Der Buchtitel »Nicht mit mir!« gibt einen Hinweis auf das Verhalten der Mobbingopfer. Erstellt zu zweit ein Deckblatt für euer Lesetagebuch.

Gestaltungshinweise:
Stoppzeichen • abwehrende Hand • »Nein« im Graffiti-Style …

Check Kapitel 1 und 2

Nadja kommt neu in die Klasse. Und merkt schnell, dass es hier schlimm zugeht.

1. Der Umschlagtext sagt noch nicht viel über die Figuren und den Inhalt aus. Erstelle zu den Seiten 7 bis 19 einen ausführlicheren Umschlagtext.

Nadja nach Umzug neu • am 1. Schultag Beleidigungen • Freundin Ellie hilft • Lukas scheinbar auch Opfer • Lennards Probleme mit Vater und Mutter • Jenny mit heiler Familie, aber auch mit Problemen

2. Lies das zweite Kapitel zu Ende (bis S. 29). Schreibe die Dominosteine in der richtigen Reihenfolge in dein Heft. Markiere farbig, was zusammengehört (z. B. alles, was Nadja betrifft, blau).

Bei einem Dominostein gibt es zwei Möglichkeiten zum »Anlegen« eines anderen Steines (linke und rechte Seite). Wähle einen aus und füge den anderen an einer passenden Stelle ein.

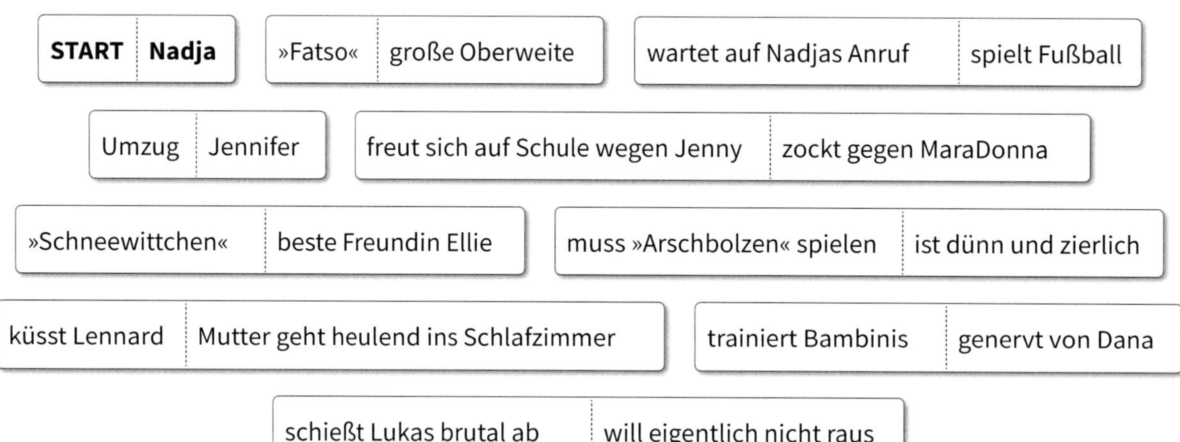

START	**Nadja**
»Fatso«	große Oberweite
wartet auf Nadjas Anruf	spielt Fußball
Umzug	Jennifer
freut sich auf Schule wegen Jenny	zockt gegen MaraDonna
»Schneewittchen«	beste Freundin Ellie
muss »Arschbolzen« spielen	ist dünn und zierlich
küsst Lennard	Mutter geht heulend ins Schlafzimmer
trainiert Bambinis	genervt von Dana
schießt Lukas brutal ab	will eigentlich nicht raus

3. Notiere Antworten zu untenstehenden Fragen. Tauscht euch anschließend über eure Antworten erst zu zweit, dann in der Klasse aus (*Think – Pair – Share*).

- Einige aus der Klasse beleidigen Nadja sofort, bevor sie überhaupt ihren Namen nennen kann. Auch Lukas wird scheinbar geärgert. Nenne mögliche Gründe, warum diese Schülerinnen und Schüler das machen.
- Was verstehst du unter Mobbing?
- Wie sollte man auf Mobbing reagieren, sodass das Opfer Hilfe bekommt?
- Welche Folgen kann Mobbing für Täter, vor allem aber das Opfer haben?

Methode

Think – Pair – Share: Diese Methode dient dazu, Ideen und Gedanken zu einer Frage zunächst allein zu sammeln (**Think**). Diese werden dann mit einer Partnerin oder einem Partner ausgetauscht und weiterentwickelt (**Pair**). Zum Schluss tauschen sich jeweils zwei Paare oder die ganze Klasse zu ihren Ideen und Gedanken aus (**Share**).

4. Schau dir den Umschlag der Lektüre noch einmal genau an.

a) Schreibe auf, ob dir die Gestaltung des Umschlags gefällt und passend erscheint. Berücksichtige dabei die Farbe und die Abbildung. Begründe deine Meinung.

b) Erstellt anschließend zu zweit einen eigenen Umschlag, das den Buchtitel *Nicht mit mir!* bildlich darstellt.

Check Kapitel 1 und 2

Nadja kommt neu in die Klasse. Und merkt schnell, dass es hier schlimm zugeht.

1. Der Umschlagtext sagt noch nicht viel über die Figuren und den Inhalt aus. Erstelle zu den Seiten 7 bis 29 eine Inhaltsangabe.

Beachte bei einer Inhaltsangabe, dass du nicht einfach nacherzählst. Konzentriere dich auf die wesentlichen Fakten:

- Um wen geht es?
- Wer kommt neu hinzu?
- Was geschieht?

Schreibe im Präsens.

2. Notiere Antworten zu untenstehenden Fragen. Tauscht euch anschließend über eure Antworten erst zu zweit, dann in der Klasse aus (*Think – Pair – Share)*.

- Das Wort *mob* ist Englisch. Welche Begriffe könnten auf Deutsch passen?
- Was verstehst du unter Mobbing bzw. Cybermobbing?
- Nadja wird sofort am 1. Schultag beleidigt. Denkst du, Nadja wird zum Mobbingopfer? Begründe!
- Wo siehst du Unterschiede zwischen *Ärgern*, *Streit* und *Mobbing*?
- Wie kann ein Opfer Hilfe bekommen?
- Sprecht über Gründe, warum manche Schülerinnen und Schüler andere mobben und manche gemobbt werden.
- Welche Folgen kann Mobbing für Täterinnen und Täter, vor allem aber für das Opfer haben?
- In den ersten beiden Kapiteln geht es um Beleidigungen, »Arschbolzen« und offenbar um ein Video. Welche Art des Mobbings ist deiner Meinung nach die schlimmste?

Think – Pair – Share: Diese Methode dient dazu, Ideen und Gedanken zu einer Frage zunächst allein zu sammeln (**Think**). Diese werden dann mit einer Partnerin oder einem Partner ausgetauscht und weiterentwickelt (**Pair**). Zum Schluss tauschen sich jeweils zwei Paare oder die ganze Klasse zu ihren Ideen und Gedanken aus (**Share**).

3. Schau dir den Umschlag der Lektüre noch einmal genau an.

a) Beschreibe die Aufmachung des Umschlags. Gehe dabei genauer ein auf Farbgestaltung, Abbildung, Schriftart und Wirkung.

b) Erstelle anschließend ein eigenes Cover zum Buch oder Buchtitel.

»Bitte lächeln!«

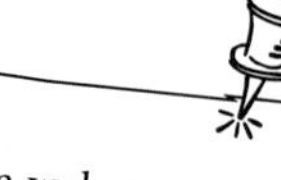

Nadja wehrt sich gegen Sabrinas blöden Spruch, diese rächt sich jedoch bitter …

1. Nadja ist unsicher, was sie anziehen soll, und fühlt sich schlecht.
Wie muntert ihre Mutter sie auf? Schreibe Beispiele aus dem Text in dein Heft oder Lesetagebuch.

2. Nadja wird erneut in der Schule beleidigt. Lest die Schulhof-Szene und die Szene mit dem Bildanhang auf Seite 21/22 laut.

Tipp: Versucht, beim Lesen Stimme, Mimik (Gesichtsausdruck) und Gestik wie im Text beschrieben einzusetzen, z. B. »*Nadja pustet sich die Haare aus dem Gesicht*«.

3. Jennifer möchte Tagebuch schreiben, wird aber vom Bruder dabei gestört.
Schreibe ihren Tagebucheintrag über den Schultag und Nadjas Bild im Internet in dein Heft oder Lesetagebuch.

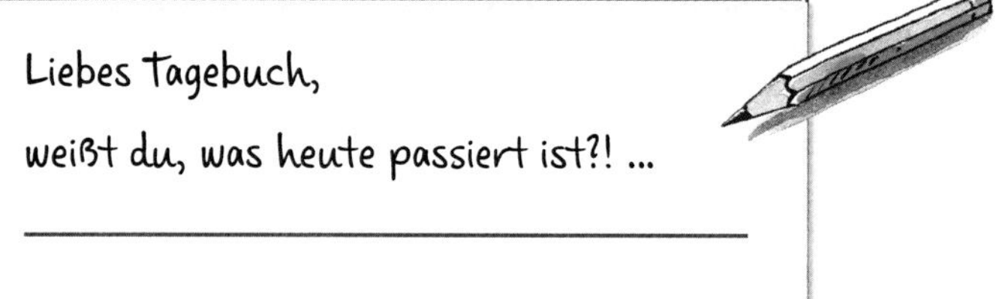

Tipp: *Die Neue hat Sabrina eine Gehirnamputation … Ich hätte mich das nie getraut … mutig … Aber dann hat Sabrina … Bild im Internet von der Neuen! … Die hören nicht auf … Das alles ist so …*

4. Oft wissen sich die Opfer nicht zu helfen.

a) Wie könnte Nadja mit den Beleidigungen umgehen? Kreuze an.

☐ *Den Eltern davon berichten*	☐ *Zurückbeleidigen*	☐ *Lehrpersonen davon erzählen*
☐ *Nicht mehr zur Schule gehen*	☐ *So tun, als wäre nichts*	☐ *Die Klasse wechseln*
☐ *Die Mobber direkt ansprechen*	☐ *Die Schule wechseln*	☐ *Zur Schulsozialarbeit gehen*

b) Sprecht in der Klasse darüber, welche Vorschläge hilfreich sind und welche nicht. Begründet eure Entscheidung.

5. Schaut euch zu zweit das Video gegen Cybermobbing (auch *Cyberbullying* genannt) auf Handysektor.de (SRF) an. Scannt dazu den Code rechts.

a) Beantworte die Fragen in ganzen Sätzen schriftlich in deinem Heft oder Leseordner.
- Warum wehrt sich Tom zuerst nicht und nimmt am Anfang keine Hilfe an?
- Von wem bekommt Tom am Ende Hilfe?
- Was ändert das an Toms Verhalten und am Verhalten der Mobber?

b) Sprecht anschließend in der Klasse darüber.

»Bitte lächeln!«

Nadja wehrt sich gegen Sabrinas blöden Spruch, diese rächt sich jedoch bitter …

1. Nadja ist unsicher, was sie anziehen soll. Schreibe in deinem Heft oder Leseordner auf, wie sie sich fühlt und wie ihre Mutter sie aufmuntert.

2. Nadja wird erneut in der Schule beleidigt.

a) Lies die Szene auf S. 36.

b) Wie würde jemand reagieren, der nicht so viel Selbstbewusstsein wie Nadja hat? Schreibt die Textstelle zu zweit entsprechend um.

weinen, zusammenzucken, erschrocken weglaufen / mit zitternder, leiser, ängstlicher Stimme antworten / stottern / Körper verstecken. Die anderen lachen, machen noch mehr Sprüche …

3. Jennifer möchte Tagebuch schreiben, wird aber vom Bruder dabei gestört. Schreibe ihren Tagebucheintrag über den Schultag und die Fotomontage von Nadja im Internet in dein Heft oder Lesetagebuch. Denke dabei an die Beschreibung von Gefühlen.

Liebes Tagebuch,

stell dir vor, was heute passiert ist?! …

____

4. Oft wissen sich die Opfer nicht zu helfen.

a) Wie könnte Nadja mit der Demütigung umgehen? Schreibe Tipps auf. Hier kannst du recherchieren (siehe auch Codes rechts zum Scannen):
- Mobbing (https://www.logo.de/gewalt-mobbing-cybermobbing-schule-100.html, https://www.logo.de/lya-gegen-mobbing-100.html)
- Gegen Hass im Netz (https://www.logo.de/cybermobbing-112.html)

b) Diskutiert im Klassenverband, welche Vorschläge sinnvoll, hilfreich und umsetzbar sind und welche nicht. Begründet eure Entscheidung.

5. Schaut euch zu zweit das Video gegen Cybermobbing (auch *Cyberbullying* genannt) auf Handysektor.de (SRF) an. Scannt dazu den Code rechts.

a) Beantworte die Fragen in ganzen Sätzen schriftlich in deinem Heft oder Leseordner.
- Warum wehrt sich Tom zunächst nicht und schlägt jede Hilfe aus?
- Von wem bekommt Tom am Ende Hilfe und was ändert das an Toms Verhalten und am Verhalten der Mobber?
- Ist das Video hilfreich? Begründe.
- Siehst du Parallelen zu Nadja?

b) Sprecht anschließend in der Klasse darüber.

»Bitte lächeln!«

1. Nadja ist unsicher, was sie anziehen soll. Markiere die Textstellen, die Nadjas Gefühle und Gedanken zum Ausdruck bringen.

a) Schreibe einen inneren Monolog, was Nadja durch den Kopf gehen könnte. Denke dabei auch an die Kommentare vom 1. Schultag, die Nadja zu hören bekam.

Starthilfe: *So viele Klamotten und nichts zum Anziehen. Haben die anderen recht? Bin ich zu dick?*

Bei einem **inneren Monolog** führt eine Person ein gedankliches Selbstgespräch. Dabei äußert die Person Gedanken, Gefühle und Zweifel, stellt sich selbst Fragen, stellt Überlegungen an, äußert Unsicherheiten bei einer Entscheidung … Schreibe im Präsens.

b) Formuliere in eigenen Worten, wie Nadjas Mutter Nadja aufmuntert. Welchen Unterschied kannst du zu Lennards Mutter auf S. 29 erkennen?

2. Nadja wird erneut beleidigt. Lest die Szene auf S. 36. Wie würde jemand reagieren, der nicht so viel Selbstbewusstsein wie Nadja hat? Schreibt die Textstelle zu zweit um.

3. Jennifer wird beim Tagebuchschreiben vom Bruder gestört. Schreibe ihren Tagebucheintrag.

Liebes Tagebuch,

…

4. Oft wissen sich die Opfer nicht zu helfen.

a) Notiere Tipps, wie Nadja mit der Demütigung umgehen könnte. Hier kannst du recherchieren (siehe auch Codes rechts zum Scannen):
- Mobbing (https://www.logo.de/gewalt-mobbing-cybermobbing-schule-100.html, https://www.logo.de/lya-gegen-mobbing-100.html)
- Gegen Hass im Netz (https://www.logo.de/cybermobbing-112.html)

b) Diskutiert im Klassenverband, welche Vorschläge sinnvoll, hilfreich und umsetzbar sind und welche nicht. Begründet eure Entscheidung!

5. Schaut euch zu zweit das Video gegen Cybermobbing (auch *Cyberbullying* genannt) auf Handysektor.de (SRF) an. Scannt dazu den Code rechts.

a) Erkläre schriftlich:
- Was ist Cybermobbing?
- Was macht Tom zunächst falsch?
- Was und wer kann gegen Cybermobbing helfen?
- Wie beurteilst du Nadjas Reaktion auf die Beleidigungen? Handelt sie richtig oder hätte sie anders reagieren sollen? Bedenke hierbei auch das Fake-Foto, das anschließend erstellt wurde.

b) Sprecht anschließend in der Klasse darüber.

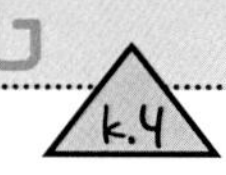

Ein Sixpack ist nicht alles

1. Verbinde die passenden Satzteile miteinander. Schreibe die vollständigen Sätze dann in dein Heft oder Lesetagebuch.

a)	Lukas schluckt Zahnpasta,	● ●	ihr weißes Herrenhemd und zeigt ihren Oberkörper.
b)	Lennard erinnert sich an ein Foto vom letzten Sommer,	● ●	auch wenn Dominik und Julian ihn dann für einen Streber halten.
c)	Ellie entdeckt vor dem Abendessen	● ●	ob sie zum *Tanz in den Mai* kommt.
d)	Nadja öffnet vor der Klasse	● ●	um nicht in die Schule zu müssen.
e)	Lennard will mehr lernen,	● ●	zufällig Nadja, die Stangen-Tanz machen will.
f)	Im Fitnessstudio trifft Lennard	● ●	das gefakte Foto von Nadja im Internet.
g)	Lennard fragt Nadja,	● ●	auf dem Lukas eine zu kleine Badehose trägt.

2. Wer sagt das? Finde die passende Seite im Buch. Notiere die Textstelle (Seite, Zeile) der Aussagen und den Namen in der Tabelle.

	Aussage	Das sagt …	Seite/Zeile
a)	»Was ist denn mit dir los?«	Lukas' Mutter	24
b)	»Ihhh! Fatso, spinnst du? Zieh' dir was an!«		
c)	»Das ist nicht fair.«		27
d)	»Es gibt ein paar blöde Blondinen und ein paar Muskel-Macker.«		
e)	»Ach du scheiße! Was ist das denn?«		
f)	»Mir ist schlecht.«		31
g)	»Offenbar interessieren sich manche hier sehr für meinen Körper.«		

3. Nadja und Lukas gehen unterschiedlich mit dem Mobbing um. Übertrage die Tabelle in dein Heft oder Lesetagebuch. Ordne die Reaktionen aus dem Kasten zu. Ergänze die Tabelle mit weiteren Angaben.

Nadja	Lukas

will auf keinen Fall in die Schule • beleidigt zurück (Gehirntransplantation) • ist mutig und wehrt sich • sagt ihre Meinung • hat sehr große Angst vor den anderen • lässt alles mit sich machen

Ein Sixpack ist nicht alles

1. Bringe die Sätze in die richtige Reihenfolge. Schreibe den Text dann mit ausgefüllten Lücken in dein Heft oder Lesetagebuch. Vorsicht: Nicht alle Wörter unten im Kasten werden gebraucht.

Nadja holt sich vor der Schule noch einmal ______ Unterstützung am Telefon. Lennard ______ Nadjas Auftritt und bereut seine eigene Feigheit. Julian zeigt Lennard ein Video über ______ aus dem Internet. Nadja wird von Lennard erstaunlicherweise zum ______ eingeladen. Nadja, ihre Mutter und Ellie räumen das ______ ein. Nadja präsentiert vor der Klasse mutig ihren ______. Ellie entdeckt das ______ von Nadja im Internet. Ellie ______ Nadja, mit ihr zum Tanz in den Mai zu gehen. Ellie hat eine Idee, wie Nadja sich gegen ______ wehren könnte. Lukas schluckt ______, um nicht in die Schule zu müssen. Lennard und Nadja treffen sich zufällig ______. Lennard erinnert sich daran, wie er bei dem ______ von Lukas mitgemacht hat.

Seife und Zahnpasta • Auto • Oberkörper • bewundert • fleht • Video • Tanz in den Mai • Wohnzimmer • bittet • Sabrinas • im Fitnessstudio • Ellies • gefälschte Foto • Lukas • auf dem Sportplatz • das fiese Foto • den Verdacht

2. a) Finde die passende Seite im Buch. Notiere die Seiten- und Zeilenangaben der Textstellen und um welche Personen/Situationen es sich handelt.

Textstelle	Seite/Zeile	Personen/Situation
»Seine Mutter, die gerade aus dem Zimmer der Zwerge kommt …«	43	Lukas und Mutter: Lukas hat …
»Ein kurzer Blick aufs Display genügt, …«		
»Jenny schüttelt sich plötzlich und befreit sich aus seiner Umarmung.«		
»Frauen wie du sind es, die uns das Leben zur Hölle machen.«		
»Diese ätherische Elfe, neben der ich sitz.«		
»Erst mal melden wir, dass diese Sabrina …«		
»Ist doch erst April und trotzdem schwitzt er schon wieder wie ein Schwein.«		

b) Schreibe auf, was du über die Verhaltensweisen der einzelnen Personen denkst. Gehe auf die einzelnen Fragen unten ein. Tauscht euch dann in der Klasse darüber aus.
- Wie bewertest du Lukas' Verhalten?
- Wie beurteilst du Lennards Verhalten? Gehört er zu den »Guten« oder den »Bösen«? Begründe!
- Was denkst du über die Aussage von Nadjas Mutter gegenüber Ellie, dass »Frauen wie sie« den anderen »das Leben zur Hölle machen«?

3. Nadja und Lukas reagieren unterschiedlich auf das Mobben. Schreibe die Unterschiede auf.

Ein Sixpack ist nicht alles

1. Beantworte die Fragen in Stichworten und ordne sie nach der richtigen Reihenfolge. Erzähle anschließend die Seiten 43 bis 64 in eigenen Worten und in der richtigen Reihenfolge nach.

- Von wem und warum holt sich Nadja vor der Schule Unterstützung?
- Wen bewundert Lennard heimlich?
- Welches Video zeigt Julian Lennard?
- Von wem wird Nadja zum Tanz in den Mai eingeladen?
- Was geschieht im Klassenzimmer?
- Was entdeckt Ellie im Internet?
- Was macht Lukas, um nicht zur Schule zu müssen?
- Wen trifft Nadja im Fitnessstudio?

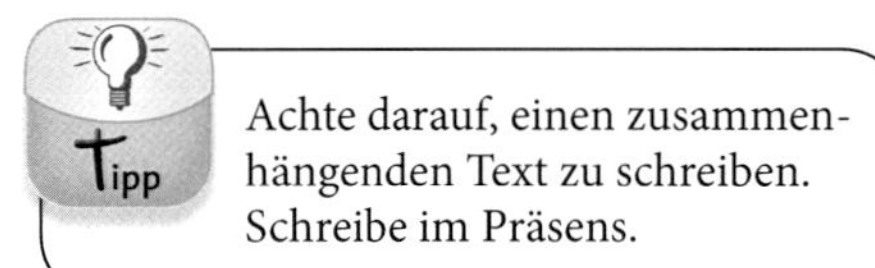

2. a) Finde die Textstellen im Buch und notiere die Seite/Zeile. Erkläre in eigenen Worten, um welche Situation es sich handelt. Schreibe in dein Heft oder Lesetagebuch.

Aussage	Seite/Zeile
»Seine Mutter, die gerade aus dem Zimmer der Zwerge kommt …«	
»Jenny zuckt zusammen.«	
»Ein kurzer Blick aufs Display genügt, um ihn zurückzukatapultieren in den letzten Sommer.«	
»Jenny schüttelt sich plötzlich und befreit sich aus seiner Umarmung.«	
»Frauen wie du sind es, die uns das Leben zur Hölle machen.«	
»Diese ätherische Elfe, neben der ich sitz.«	
»Erst mal melden wir, dass diese Sabrina …«	31
»Ist doch erst April und trotzdem schwitzt er schon wieder wie ein Schwein.«	

b) Notiere, was du über die Verhaltensweisen der einzelnen Personen denkst. Tauscht euch dann zu zweit und anschließend in der Klasse darüber aus.

- Wie bewertest du Lukas' Verhalten beim Thema Schule schwänzen?
- Wie beurteilst du Lennards Verhalten? Gehört er eher zu den »Guten« oder den »Bösen«? Begründe!
- Was denkst du über die Aussage von Nadjas Mutter gegenüber Ellie, dass »Frauen wie sie« den anderen »das Leben zur Hölle machen«.
- Wie bewertest du Jennys Verhalten?
- Was hältst du von Ellies Idee und Nadjas Aktion vor der Klasse?

3. a) Nadja und Lukas reagieren unterschiedlich auf das Mobbing. Stelle die unterschiedlichen Reaktionen, Gedanken und Gefühle der beiden dar.

b) Welches Verhalten kannst du eher nachvollziehen? Begründe deine Meinung.

Irgendwann »nein« sagen!

1. Wer sagt das zu wem? Finde die passende Seite im Buch. Notiere die Textstelle (Seite, Zeile) der Aussagen und den Namen in der Tabelle.

	Aussage	Namen	Seite/Zeile
a)	»Und wir müssen dich schminken!«	Sabrina zu Jennifer	38
b)	»Trink mal richtig. Wir wollen schließlich …«		
c)	»Ein bisschen davon geben wir Fatso …«	Sabrina zu Jennifer und Michelle	
d)	»Hast du getrunken?« »Und wie siehst du aus?«		39
e)	»Hab ich dich geweckt? Es ist fast Mittag, Alter.«		
f)	»Mensch, Fatso! Bist du wirklich …?«		

2. Jenny und Lennard haben den Tanz in den Mai unterschiedlich erlebt.

a) Jenny schreibt am nächsten Tag ein paar Gedanken dazu in ihr Tagebuch. Wähle eine Aufgabe A oder B aus:

A Schreibe den Tagebucheintrag über den Abend und ihre Gedanken aus Jennys Sicht. Erzähle, wie Jenny geschminkt und abgefüllt wurde – warum sie eifersüchtig auf Nadja war – wie sie sich am nächsten Tag fühlt – was sie zu Lennard sagen könnte …

B Schreibe einen Tagebucheintrag über den Abend und seine Gedanken aus Lennards Sicht. Erzähle, warum Lennard Nadja eingeladen hat – was er über Jennys Auftreten bei der Party denkt – wie er sich fühlt, als Jenny die Party verlässt – was er zu Jenny sagen könnte …

b) Stellt eure Tagebucheinträge anschließend vor.

3. Jennifer und Lukas haben verschiedene Spitznamen.

a) Übertrage die Tabelle in dein Heft oder Lesetagebuch. Ordne die Spitznamen zu. Du kannst weitere ergänzen. Hinweis: Das Glossar ab S. 86 kann dir helfen.

Jennifer	Lukas

Schneewittchen	Lucky	Fatso	MaraDonna	Jenny	Mondgesicht
S. 9 / S. 12		S. 14		S. 6	S. 10 / S.35

b) Findest du die Namen passend? Begründe in deinem Heft oder Lesetagebuch.

Irgendwann »nein« sagen!

Jennifer wird abgefüllt und Lukas wieder zum Opfer …

1. a) Wer sagt das zu wem? Finde die passende Seite im Buch. Notiere die Textstelle (Seite, Zeile) der Aussagen und den Namen in der Tabelle.

Aussage	Namen	Seite/Zeile
»Du bist ja nicht mal geschminkt!«	Sabrina zu Jennifer	67/26
»Trink mal richtig …«		
»Red bloß nicht davon …«		
»Wiescho isch die denn hier?«		
»Ich hab ihr erzählt, was hier heute los ist.«		
»Mensch, Fatso! So besoffen kannst du …«		
»Ich mach das nicht mehr mit. Nie wieder!«		

b) Notiere deine Gedanken und Gefühle zu den Situationen in deinem Heft oder Lesetagebuch. Wie bewertest du das Verhalten der Personen?

2. Lennard und Jennifer haben den *Tanz in den Mai* unterschiedlich erlebt. Beide machen sich am Tag darauf Gedanken über den Abend.
Schreibt zu zweit ein Gespräch, bei dem Lennard und Jenny einen Tag nach der Party über den Abend sprechen.

- Lasst die Figuren abwechselnd sprechen.
- Denkt an die Anführungszeichen (wörtliche Rede).

Starthilfe:
»Hi Jenny, wie geht es dir?«
»Ich habe ziemliche Kopfschmerzen. Das war echt zu viel Alkohol gestern!«
»Um ehrlich zu sein, habe ich mir Sorgen gemacht. Was war denn los an dem Abend?« …

Mögliche Inhalte: Sabrina und Michelle Schminke und Alkohol – Nadja bei der Feier – Jennys Gedanken und Sorgen …

3. Jennifer und Lukas haben verschiedene Spitznamen mit positiver und auch negativer Bedeutung.

a) Erstelle eine Tabelle in deinem Heft oder Lesetagebuch. Ordne die Spitznamen Jennifer bzw. Lukas zu.

b) Schreibe zu jedem Spitznamen, wie es zu dem Namen kam. Die Seitenangaben im Kasten helfen dir. Du kannst aber auch andere Textstellen verwenden.

c) Findest du die Namen passend? Begründe!

Schneewittchen	Fatso	MaraDonna	Elfe	Predator	Lucky	Jenny	Mondgesicht	Lesbe
S. 16	S. 23	S. 11	S. 19	S. 9	S. 24 (S. 88)	S. 9	S. 17	S. 131

Irgendwann »nein« sagen!

1. Jenny ist am Tag nach der Party unsicher, wie sie Lennard gegenübertreten soll. Schreibe einen inneren Monolog aus Sicht von Jennifer über den Ablauf der Party (*Tanz in den Mai*).

Bei einem **inneren Monolog** führt eine Person ein gedankliches Selbstgespräch. Dabei äußert die Person Gedanken, Gefühle und Zweifel, stellt sich selbst Fragen, stellt Überlegungen an, äußert Unsicherheiten bei einer Entscheidung … Schreibe im Präsens.

2. Lennard und Jennifer haben den *Tanz in den Mai* unterschiedlich erlebt. Beide machen sich am Tag darauf Gedanken über den Abend.
Schreibt zu zweit einen Dialog, bei dem Lennard und Jenny am Tag nach der Party über den vergangenen Abend sprechen.

Starthilfe:

Verdeutliche mithilfe von Regieanweisungen Gefühle und Stimmungen von Lennard und Jennifer. Beispiele: *mit leiser Stimme erwidern* • *zögernd antworten* • *seufzen und sagen* • *hörbar ausatmen, dann antworten* • *nach einer Pause sagen …*

3. Jennifer und Lukas haben im Buch verschiedene Spitznamen mit positiver und auch negativer Bedeutung.

a) Ordne in deinem Heft oder Lesetagebuch die Spitznamen Lukas bzw. Jennifer zu.

Du findest an mehreren Stellen Informationen zu den Namen, vor allem aber in den ersten beiden Kapiteln der Lektüre.

Schneewittchen	Fatso	MaraDonna	Elfe	Predator	Lucky (S. 88)	Jenny	Mondgesicht	Lesbe

b) Gib bei jedem Spitznamen an, wie er entstanden ist. Belege mit Textstellen (Seite, Zeile).

c) Findest du die Namen passend? Begründe!

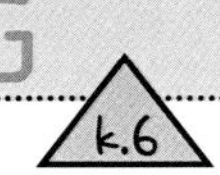

Fußball, Fußball, Fußball

1. Kreuze an, ob die Aussagen richtig oder falsch sind. Belege mit der entsprechenden Textstelle. Schreibe falsche Aussagen korrigiert in dein Heft oder Lesetagebuch.

	Aussage	richtig	falsch	Beleg
a)	Lennard hat sich Sorgen um Jenny gemacht.	x		S. 44
b)	Lennard und sein Vater haben ein gutes Verhältnis.			
c)	Lennard ist der »Predator« im Online-Fußball.			
d)	Jennifer gewinnt das Match gegen Predator.			
e)	Lukas ist »MaraDonna« im Online-Fußball.			
f)	Lukas wurde wegen seiner früheren Torwartqualitäten »Lucky« genannt.			

2. Lennard und Lukas haben beide Probleme und fühlen sich schlecht.

a) Füge die Silben zu Gefühlswörtern zusammen und schreibe sie in deinem Heft oder Lesetagebuch auf.

Eine Silbe aus dem oberen Kästchen passt zu einer Silbe aus dem unteren Kästchen.

ent – wü – trau – ver – ein – ge – un – be – hilf

täuscht – sicher – sam – schämt – los – tend – ängstigt – rig – nervt

b) Lennard hat in Jenny eine Bezugsperson gefunden. Schreibe einen Brief aus Lennards Sicht an Jenny. Schreibe über seine schwierigen Familienverhältnisse und wie er sich bei Jenny bedankt.

Starthilfe:
Liebe Jenny,
ich bin mir nicht sicher, ob du weißt, wie viel du mir bedeutest. Eben war ich bei meinem Vater … er kennt mich gar nicht … fragt mich nach Fußball, obwohl … tut interessiert, aber … ohne dich nicht auszuhalten …

3. Schreibe auf, was du zu folgenden Fragen denkst. Bespreche deine Antworten dann mit einem Partner/einer Partnerin und anschließend mit der Klasse (*Think-Pair-Share-Methode*).

a) Lukas spricht bei 157,53 EUR von einem »echten Schnäppchen«. Was denkst du darüber?

b) Wer könnte sein Gegner MaraDonna sein?

c) Warum wurde Lukas von »Lucky« zu »Fatso«?

d) Was könnte die MMS beinhalten, die Lukas erhält?

Think – Pair – Share: Diese Methode dient dazu, Ideen und Gedanken zu einer Frage zunächst allein zu sammeln (**Think**). Diese werden dann mit einer Partnerin oder einem Partner ausgetauscht und weiterentwickelt (**Pair**). Zum Schluss tauschen sich jeweils zwei Paare oder die ganze Klasse aus (**Share**).

Fußball, Fußball, Fußball

1. Kreuze an, ob die Aussagen wahr oder falsch sind. Belege mit der entsprechenden Textstelle. Schreibe alle Aussagen korrekt in dein Heft oder Lesetagebuch.

	Aussage	richtig	falsch	Beleg
a)	Lennard hat Jenny an der Hauptstraße eingeholt.	x		S. 83
b)	Er will das mit Jenny sofort in Ordnung bringen.			
c)	Lennards Vater weiß nicht viel über Lennards Leben.			
d)	Jennifer gewinnt das Match gegen Predator.			
e)	Jenny will, dass Lennard sich entschuldigt.			
f)	Lukas wurde wegen seiner früheren Torwartqualitäten »Lucky« genannt.			

2. a) Notiere in deinem Heft oder Leseordner Gefühle, die in Jenny, Lennard und Lukas auf den S. 83 bis 88 vorgehen könnten, und ordne diese den drei Figuren zu. Du kannst den Kasten mit den Silben als Hilfe benutzen.

> ent – ver – wü – täuscht – ängst – schämt – lich – rig – ein – lend – letzt – lich – tend – be – los – glück – dank – selbst – sam – hilf – ver – un – sicher – trau – bar – bewusst – lich – liebt

b) Lennard hat in Jenny seine wichtigste Bezugsperson gefunden. Schreibe einen Brief aus Lennards Sicht an Jenny, in dem er ihr von seinen schwierigen Familienverhältnissen erzählt.

Denke beim Brief an Anrede und Grußformel. Die folgenden Stichpunkte helfen dir:
… kurz vor dem Einschlafen … an dich denken … bescheuerte Begegnung mit meinem Vater … Versuch »zu reden« … fragt nach Fußball! … total desinteressiert … dauernd nur »Baby, Baby, Baby« … ohne dich …

3. Bearbeitet die folgenden Fragen und Aufgaben mithilfe der Methode *Think–Pair–Share*.

a) Lukas spricht bei 157,53 EUR von einem »echten Schnäppchen«. Nimm Stellung dazu.

b) Wer könnte sein Gegner MaraDonna sein?

c) Warum wurde Lukas von »Lucky« zu »Fatso«?

d) Alle haben Lukas damals »Lucky« genannt. Lukas selbst spricht aber von Talent. Hatte Lukas tatsächlich einfach nur Glück oder war er wirklich ein guter Torwart?

e) Was könnte der Inhalt der MMS sein, die Lukas erhält?

Think – Pair – Share: Diese Methode dient dazu, Ideen und Gedanken zu einer Frage zunächst allein zu sammeln (**Think**). Diese werden dann mit einer Partnerin oder einem Partner ausgetauscht und weiterentwickelt (**Pair**). Zum Schluss tauschen sich jeweils zwei Paare oder die ganze Klasse aus (**Share**).

Fußball, Fußball, Fußball

1. Ergänze die Sätze. Belege immer mit der entsprechenden Textstelle (Seite, Zeile). Schreibe dann alle Aussagen in dein Heft oder Lesetagebuch.

a) Lennard hat Jenny nach der Party an der Hauptstraße ______. S. ______ / Z.______

b) Er will mit Jenny über den *Tanz in den Mai* sprechen, weil diese ______. S. ______ / Z.______

c) Lennard heißt mit Nachnamen ______. S. ______ / Z.______

d) Lennards Vater weiß nicht viel über ______. S. ______ / Z.______

e) Jennifer gewinnt das Match gegen ______. S. ______ / Z.______

f) Anschließend will sie in Ruhe ______. S. ______ / Z.______

g) Jenny will sich bei Lennard ______. S. ______ / Z.______

h) Lukas hat ______ ersteigert. S. ______ / Z.______

i) Lukas wurde früher »Lucky« genannt, ______. S. ______ / Z.______

j) Ihm wird schwindelig, ______. S. ______ / Z.______

2. Schreibe auf, was auf den Seiten 83 bis 88 in Jenny, Lennard und Lukas vorgehen könnte. Was denkst du über diese drei Figuren? Wie bewertest du ihr Handeln bzw. Verhalten?

3. Lennard hat in Jenny seine wichtigste Bezugsperson gefunden (S. 85). In einem Telefonat erzählt er Jenny von seinen schwierigen Familienverhältnissen. Jenny entschuldigt sich für den *Tanz in den Mai*-Abend.
Verfasst zu zweit das Telefongespräch.

Lasst nicht nur eine Person sprechen, sondern führt einen Dialog. Lasst die Personen Zwischenfragen stellen, Antworten geben und Reaktionen zeigen (z. B. hörbar ausatmen, zögern, sich räuspern …).

4. Bearbeitet die folgenden Fragen und Aufgaben mithilfe der Methode *Think–Pair–Share*.

a) Nimm Stellung zu Lukas »echtem Schnäppchen« von 157,53 EUR.

b) Wer könnte sein Gegner MaraDonna sein?

c) Lukas wurde von »Lucky« zu »Fatso«. Nenne Gründe für die Änderung des Spitznamens.

d) Alle haben Lukas damals »Lucky« genannt. Lukas selbst sagt, er habe nicht einfach nur Glück gehabt, sondern Talent. Wie siehst du das? Begründe deine Antwort.

e) Was könnte die MMS an Lukas beinhalten?

Think – Pair – Share: Diese Methode dient dazu, Ideen und Gedanken zu einer Frage zunächst allein zu sammeln (**Think**). Diese werden dann mit einer Partnerin oder einem Partner ausgetauscht und weiterentwickelt (**Pair**). Zum Schluss tauschen sich jeweils zwei Paare oder die ganze Klasse zu ihren Ideen und Gedanken aus (**Share**).

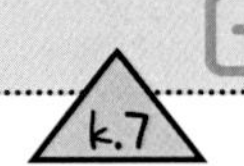

Teamwork mit Hindernissen

Nadja und Lukas sollen ein Referat halten – und werden wieder runtergemacht.

1. Nadja und Lukas sind wieder fiesen Sprüchen ausgesetzt.

a) Markiere auf den Seiten 47 bis 49 Textstellen, in denen Lukas und Nadja beleidigt werden.

b) Lukas reagiert vor allem körperlich auf die Sprüche. Schreibe auf, wie sich das äußert.

c) Schreibe in dein Heft oder Lesetagebuch, wie Nadja und Lukas sich fühlen und welche Folgen dieses Mobbing für Jugendliche wie Nadja und Lukas haben kann.

2. Frau Thiel unternimmt nichts gegen die fiesen Sprüche.

a) Sammelt gemeinsam Ideen, wie sie reagieren könnte, um Nadja und Lukas zu schützen. Welche Konsequenzen könnte es für Sabrina, Michelle und die anderen geben?

b) Spielt die Szene anschließend mit den neuen Ideen nach. Ihr könnt unterschiedliche Varianten zeigen.

Starthilfe:
Frau Thiel kommt ins Klassenzimmer und verteilt ein Referatsthema an Nadja und Lukas. »*Da bricht doch der Boden ein*«, flüstert Sabrina. Frau Thiel starrt Sabrina böse an. »Was ist eigentlich los hier?«, schimpft sie. »Sabrina, was soll der Spruch?« …

»Entschuldigt euch« • Anruf bei Eltern • Gespräch mit der Schulleitung • Sozialtraining mit der Schulsozialarbeit • Konsequenzen wie Nachsitzen • Entschuldigungsbrief • Referat über Mobbing

3. Du hast jetzt einiges über Mobbing gelesen.

a) Recherchiert in Gruppen zu folgenden Themen. Präsentiert eure Ergebnisse anschließend vor der Klasse.

Definition und Fakten
- Was bedeutet »to mob« auf Deutsch?
- Was genau ist Mobbing, was ist Cybermobbing?

Die Opfer
- Welche Folgen kann Mobbing für die Opfer haben?
- Wie können sich Opfer verhalten, um nicht weiter gemobbt zu werden?

Das Umfeld
- Wie können Mitschülerinnen und Mitschüler Mobbingopfer unterstützen und aufmuntern?
- Wo und von wem bekommen die Opfer Hilfe?

Definition und Arten von Mobbing
- Es gibt verschiedene Arten von Mobbing: Mit Worten, im Internet, körperlich verletzen … Schreibe unterschiedliche Arten auf und wie die Täterinnen und Täter dabei vorgehen.
- Was ist der Unterschied zwischen Mobbing und Streit oder Konflikten?

Täterinnen und Täter
- Welche Konsequenzen gibt es für die Täterinnen und Täter?

b) Erstellt gemeinsam eine Wandzeitung zum Thema »Mobbing«.

Teamwork mit Hindernissen

Nadja und Lukas sollen ein Referat halten – und werden wieder runtergemacht.

1. Nadja und Lukas sind wieder fiesen Sprüchen ausgesetzt. Notiere in deinem Heft oder Lesetagebuch Antworten zu folgenden Fragen:

a) Warum rufen die Mitschülerinnen und Mitschüler »Ausziehn« und was ist offensichtlich auf dem Video von Lukas zu sehen?

b) Wie reagiert Lukas auf das Mobbing?

c) Wie fühlen sich Nadja und Lukas und welche Folgen kann Mobbing für Jugendliche wie diese beiden haben?

2. Frau Thiel unternimmt nichts gegen die fiesen Sprüche.

a) Sammelt gemeinsam Ideen, wie Frau Thiel reagieren könnte, um Nadja und Lukas zu schützen und welche Konsequenzen es für Sabrina, Michelle und die anderen geben kann. Schreibt diese Ideen auf.

b) Spielt die Szene anschließend mit den neuen Ideen nach. Ihr könnt unterschiedliche Varianten spielen.

entschuldigen müssen • Anruf bei Eltern • in Lukas und Nadja hineinversetzen • Gespräch mit der Schulleitung • Sozialtraining mit der Schulsozialarbeit • Konsequenzen wie Nachsitzen • Entschuldigungsbrief • Referat über Mobbing

3. Du hast jetzt einiges über Mobbing gelesen.

a) Recherchiert in Gruppen zu folgenden Themen:

Definition und Fakten
- Was bedeutet »to mob« auf Deutsch?
- Was genau ist Mobbing, was ist Cybermobbing?
- Gibt es Zahlen oder Daten zu Mobbingopfern an deutschen Schulen?

Die Opfer
- Welche seelischen und körperlichen Folgen kann Mobbing für die Opfer haben?
- Wie sollten sich Mobbingopfer verhalten, um nicht weiter gemobbt zu werden?

Definition und Arten von Mobbing
- Welche Arten von Mobbing gibt es (körperlich, verbal, Internet ...)?
- Was ist der Unterschied zwischen Mobbing und Streit oder Konflikten?

Täterinnen und Täter
- Welche Gründe haben Täterinnen und Täter, andere zu mobben?
- Welche Konsequenzen kann Mobbing für die Täterinnen und Täter haben?

Das Umfeld
- Wie können Mitschülerinnen und Mitschüler Mobbingopfer unterstützen und aufmuntern?
- Wie, wo und von wem bekommen die Opfer Hilfe?

b) Präsentiert eure Ergebnisse vor der Klasse.

c) Erstellt gemeinsam eine Wandzeitung zum Thema »Mobbing«.

Teamwork mit Hindernissen

Nadja und Lukas sollen ein Referat halten – und werden wieder runtergemacht.

1. Nadja und Lukas sind wieder fiesen Sprüchen ausgesetzt. Schreibe einen Bericht darüber, was in dieser Klasse vor sich geht. Beschreibe,

- warum die Mitschülerinnen und Mitschüler »Ausziehn« rufen und was offensichtlich auf dem Video von Lukas zu sehen war.
- wie Lukas auf das Mobbing reagiert (körperlich, verbal ...).
- wie sich Nadja und Lukas fühlen und welche Folgen dieses Mobbing für Jugendliche allgemein haben kann.
- wie die Lehrerin mit der Situation umgeht.

2. Frau Thiel unternimmt nichts gegen die fiesen Sprüche.

a) Sammelt gemeinsam Ideen, wie Frau Thiel reagieren könnte, um Nadja und Lukas zu schützen, und welche Konsequenzen es für Sabrina, Michelle und die Klasse geben kann.

b) Schreibt die Szene zu zweit um.

c) Spielt die Szene anschließend mit den neuen Ideen nach. Ihr könnt unterschiedliche Varianten spielen.

Zu Aufgabe 2c): Anruf bei Eltern • Gespräch mit der Schulleitung • Sozialtraining mit der Schulsozialarbeit • Konsequenzen wie Nachsitzen • Entschuldigungsbrief • Referat über Mobbing …

3. Du hast jetzt einiges über Mobbing gelesen.

a) Recherchiert in Gruppen zu folgenden Themen:

Definition und Fakten
- Was bedeutet »to mob« auf Deutsch?
- Was genau ist Mobbing, was ist Cybermobbing?
- Gibt es Zahlen oder Daten zu Mobbingopfern an deutschen Schulen?

Die Opfer
- Warum werden manche zu Opfern, andere nicht?
- Welche seelischen und körperlichen Folgen kann Mobbing für die Opfer haben?
- Wie sollten sich Mobbingopfer verhalten, um nicht weiter gemobbt zu werden?

Definition und Arten von Mobbing
- Welche Arten von Mobbing gibt es (körperlich, verbal, Internet ...)?
- Was ist der Unterschied zwischen Mobbing und Streit oder Konflikten?

Täterinnen und Täter
- Welche Gründe haben Täterinnen und Täter, andere zu mobben?
- Welche Konsequenzen kann Mobbing für die Täterinnen und Täter haben?

Das Umfeld
- Wie können Mitschülerinnen und Mitschüler Mobbingopfer unterstützen und aufmuntern?
- Wie, wo und von wem bekommen die Opfer Hilfe?

b) Präsentiert eure Ergebnisse vor der Klasse.

c) Erstellt gemeinsam eine Wandzeitung zum Thema »Mobbing«.

Probleme gibt es nicht nur in der Schule

1. Lest den Abschnitt »Lennard« S. 100 und 101 bzw. S. 52 und 53 (ES) mit verteilten Rollen. Achtet darauf, eure Stimme den Gefühlen entsprechend einzusetzen.

Stimme Lennard: wird lauter • aggressiver • verzweifelter • nach Luft schnappend • gepresst • dann leiser und weinerlich
Stimme Mutter: leise • müde • emotionslos • roboterartig • gleichförmig

2. Gestaltet Gefühlsplakate. Ein Gefühlsplakat kann aus Worten, Bildern, Symbolen und Zeichen bestehen. Ihr könnt mehrere Plakate erstellen, die ihr dann als Gesamtwerk aufhängt. Teilt die Klasse hierfür in 6 Gruppen ein.

Gruppe 1 bis 3

Bei Lukas, Lennard, Nadja und Nadjas Mutter gibt es Probleme.

Gestaltet ein Gefühlsplakat der **negativen** Emotionen.

Notiert die Probleme und Emotionen der oben genannten Figuren auf einem Placemat. Für jede Figur ist ein Feld vorgesehen, in dem ihr Stichworte sammeln könnt.

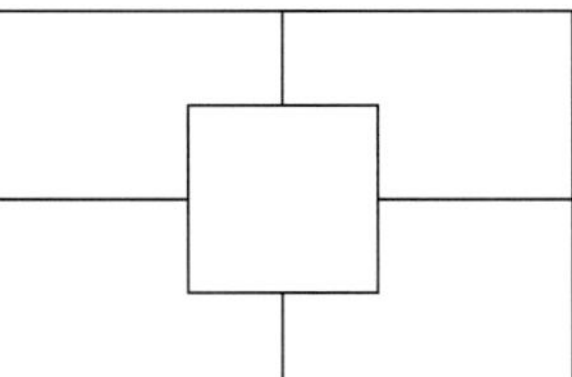

Sammelt zu den Stichworten Symbole, Bilder oder Zeichen, die negative Gefühle darstellen (Verzweiflung, Wut, Angst, Depression ...). Ihr könnt selbst zeichnen oder in Zeitschriften suchen. Passt eure Schrift entsprechend an (eckig, mit dunkler Umrandung, Schatten ...).

Nutzt für euer Plakat dunklere Farben.

Gruppe 4 bis 6

Lukas, Lennard, Nadja und Nadjas Mutter haben zwar Probleme, es gibt aber auch Personen oder Gedanken, die ihnen Mut machen.

Gestaltet ein Gefühlsplakat der **positiven** Emotionen.

Notiert auf einem Placemat, wie den Figuren geholfen wird und welche Gefühle das in ihnen weckt. Für jede Figur ist ein Feld vorgesehen, in dem ihr Stichworte aufschreiben könnt.

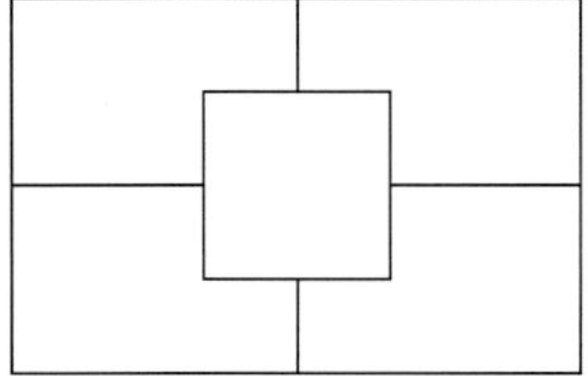

Sammelt zu den Stichworten Symbole, Bilder oder Zeichen, die positive Gefühle darstellen (Dankbarkeit, Freude, Mut ...). Ihr könnt selbst zeichnen oder in Zeitschriften suchen. Passt eure Schrift entsprechend an.

Nutzt für euer Plakat helle Farben.

Herz • Blitz • Faust • Wolke • Feuer • Rauchwolke • Pluszeichen • Minuszeichen • geschwungene Linien • eckige Buchstaben • dunkle oder helle Farben • Schattierungen • Glitzer • Pastelltöne ...

Füreinander einstehen

1. Ordne die Sätze zu den Seiten 54 bis 58 in die richtige Reihenfolge, indem du sie nummerierst. Sie ergeben eine kurze Inhaltsangabe. Schreibe sie anschließend in dein Heft oder Lesetagebuch.

	Lennard will kein »Arschbolzen« spielen, weil Jenny dabei ist. Julian ist deswegen genervt.	1	Jennifer ist entsetzt über das Video von Lukas beim Abschlussball und zeigt es Lennard.
	Lennard findet das Video mit den Bierdosen nicht schlimm. Er sagt, dass »Fatso« immer wieder wettet. Jenny und Lennard gehen raus zum Fußballplatz.		Dominik will mit Lukas Zielschießen machen. Er ärgert Lukas. Jenny bittet die anderen, Lukas in Ruhe zu lassen.
	Dominik, Julian und Lennard lassen Lukas nicht in Ruhe. Er soll sich entweder ausziehen oder Zielschießen mitspielen.	4	Als Lukas zum Fußballplatz kommt, sehen sich die anderen gerade das Video vom Jugend-Zentrum an.
	Lukas findet das Video vom Jugend-Zentrum eigentlich witzig, aber Jenny wirkt geschockt.		Auf dem Video ist zu sehen, wie Lukas Bierdosen unter den Bauch geklemmt bekommt und diese trinken muss.

2. Ab S. 59 geht es um das Referat von Nadja und Lukas. Wähle die richtige Antwort. Es ergibt sich ein Lösungswort. Schreibe die richtigen Sätze dann auf.

1. a) Lukas hat Nadja zu sich eingeladen, um das Referat vorzubereiten. ☐ R
   b) Nadja geht einfach zu Lukas nach Hause, weil sie ihn nicht erreichen konnte. ☐ H
2. a) Lukas' Zimmer ist im ersten Stock, die zweite Tür links. ☐ I
   b) Lukas' Zimmer ist im zweiten Stock, die erste Tür links. ☐ L
3. a) Nadja erschrickt bei Lukas' Anblick, bleibt aber trotzdem für das Referat da. ☐ L
   b) Nadja hat großes Mitleid mit Lukas und verschiebt das Referat. ☐ T
4. a) Nadja muss beim Referat alles allein machen, weil es Lukas schlecht geht. ☐ S
   b) Nadja und Lukas teilen sich die Aufgaben für das Referat ein. ☐ F
5. a) Lukas entschuldigt sich bei Nadja dafür, dass er sie dick genannt hat. ☐ M
   b) Lukas entschuldigt sich bei Nadja dafür, dass er ihre Oberweite kommentiert hat. ☐ E

3. Lukas wird oft geärgert und tut so, als würde ihm das nichts ausmachen. Meint er wirklich ernst, was er sagt? Beachte vor allem die unterstrichenen Stellen. Begründe deine Antworten.

- Lukas findet seinen Auftritt beim Tanz <u>witzig</u>.
- Lukas sagt, er habe einen »<u>Sportunfall</u>« gehabt.
- Lukas entschuldigt sich bei Nadja: »<u>Tut mir übrigens leid</u>, was ich am ersten Tag über deine Oberweite gesagt habe.«

4. Jeder Mensch hat Stärken. Was können deine Mitschülerinnen und Mitschüler gut? Wie könnt ihr euch als Klasse gegenseitig unterstützen? Schreibt fünf Ideen auf ein Plakat und hängt es im Klassenzimmer auf.

Füreinander einstehen

1. Ordne die Sätze zu den Seiten 105 bis 111 in die richtige Reihenfolge, indem du sie nummerierst. Sie ergeben eine kurze Inhaltsangabe. Schreibe die Sätze dann in dein Heft oder Lesetagebuch.

	Lennard verteidigt Jenny beim Fußballspielen.	1	Jennifer zeigt Lennard entsetzt das Video von Lukas.
	Lennard erzählt von der Burgerwette.	7	Jenny versucht halbherzig, Lukas auf dem Bolzplatz zu verteidigen.
	Lukas soll strippen oder als Fußballziel herhalten.		Lukas wird direkt von der Musik des Videos begrüßt.
	Jennifer ist von ihrem eigenen, aber auch von Lennards Verhalten enttäuscht.		Lukas schämt sich, da Jenny das Video vom Tanz in den Mai nun auch kennt.

2. Überlege dir Antworten zu den Fragen. Schreibe sie anschließend mit den Antworten auf.

a) Weil sie mit Lukas das Referat vorbereiten möchte – der ihr aber aus dem Weg geht – und die Zeit knapp wird.

b) Er heißt mit Nachnamen Angermann.

c) Weil die Namen auf dem Klingelschild alle mit »L« anfangen.

d) Weil Lukas plötzlich ständig kränkelt und dieses Mal im Gesicht verletzt ist.

e) Nadja kennt sich mit Röntgenstrahlen aus, Lukas dafür mit Präsentationen.

f) Weil er am ersten Schultag Sprüche über ihre Oberweite gemacht hat.

3. Lukas behauptet oft, ihm würde das »Geärgertwerden« nichts ausmachen. Beantworte die Fragen schriftlich im Heft oder Lesetagebuch. Begründe deine Antworten mithilfe des Buchs!

a) Macht Lukas die Wetteinsätze und Video-Auftritte wirklich gerne?

b) Findet Lukas seinen Auftritt beim Tanz wirklich witzig?

c) Spielt Jenny tatsächlich so gut Fußball?

d) Geht Lukas Nadja aus dem Weg?

e) Hatte Lukas wirklich einen »Sportunfall«?

f) Was bedeutet »gegen Nadja sowieso keine Chance« haben? Stimmt das?

4. Jeder Mensch hat Stärken.

a) Welche Stärken haben deine Mitschülerinnen und Mitschüler? Schreibe Stichpunkte auf.

b) Einigt euch mithilfe eurer Notizen auf mindestens fünf positive Eigenschaften, die euch als Klasse bestärken, und hängt diese auf ein Plakat geschrieben im Klassenzimmer auf.

Füreinander einstehen

1. Lies Kapitel 11 (S. 105 bis 111) gründlich.

a) Schreibe eine Inhaltsangabe zu Kapitel 11. Die Stichpunkte im Kasten helfen dir.

Jennifer bei Lennard • Bierdosen-Video • enttäuscht von ihrem eigenen, aber auch von Lennards Verhalten • Burgerwette • Bolzplatz (Video, Stripp oder Ziel)

b) Jennifer findet Lennards Verhalten gegenüber Lukas furchtbar. Auch ihr eigenes (Nicht-)Handeln stellt sie infrage. Schreibe auf, wie die Szene zwischen Lennard und Jennifer aussehen könnte, wenn beide mutiger wären und ihre Meinung zu all dem sagen würden.

Du kannst entweder nur Sätze zu Jenny schreiben oder Lennards mögliche Reaktionen mit einbeziehen.

2. Erstelle eigene Verständnisfragen zu den Seiten 115 bis 120. Tausche anschließend mit deinem Nachbarn/deiner Nachbarin dein Heft oder das Lesetagebuch. Beantwortet jeweils die Fragen des/der anderen.

3. Stimmen die Aussagen? Nimm dazu begründet Stellung in deinem Heft oder Lesetagebuch.

a) »Fatso macht doch immer wieder solche Sachen. Ich glaube, der braucht das.«

b) »Eigentlich findet er seinen Auftritt beim Tanz in den Mai inzwischen ganz witzig«.

c) Lukas geht Nadja offenbar aus dem Weg.

d) »Sportunfall.«

e) »Gegen dich hat man sowieso keine Chance, oder?«.

f) »Tut mir übrigens leid, was ich am ersten Tag über deine … Oberweite gesagt habe.«

4. Jeder Mensch hat Stärken.

a) Welche Stärken haben deine Mitschülerinnen und Mitschüler? Schreibe Stichpunkte auf.

____

____

____

____

b) Einigt euch mithilfe eurer Notizen auf mindestens fünf positive Eigenschaften, die euch als Klasse bestärken, und hängt diese auf ein Plakat geschrieben im Klassenzimmer auf.

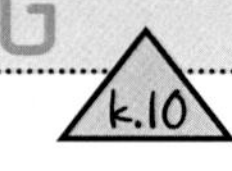

Die Lage spitzt sich zu (1)

Endlich bringt Lennard den Mut auf, sich von den Mobbern abzugrenzen. Doch er wird übermütig …

1. Lies den Roman zu Ende. Zeige mit Säulen in dem Diagramm unten an, wie spannend du die einzelnen Situationen findest.

Tipp: Das Beispiel zeigt dir, wie es aussehen kann.

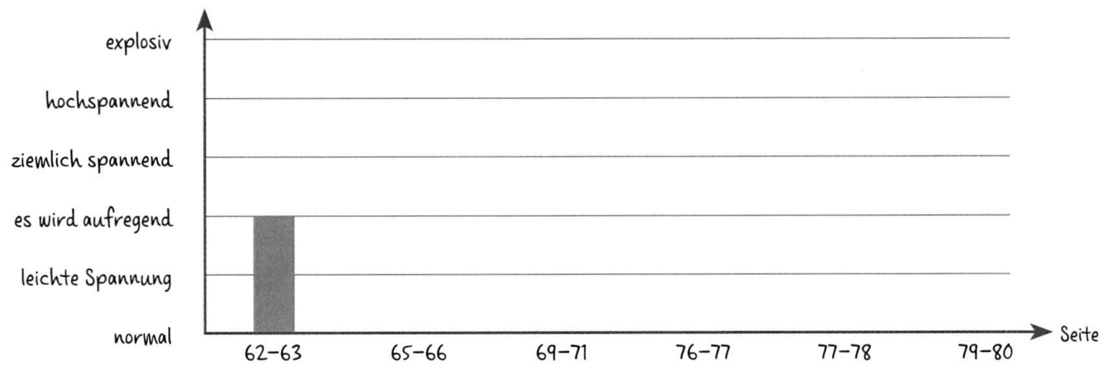

2. Verbinde die passenden Satzteile. Schreibe die Sätze anschließend in dein Heft oder Lesetagebuch.

1	Der Ball hat Lukas voll ins Gesicht getroffen. Er blutet stark. Lennard hat das Gefühl,	a)	werden Nadja und Lukas wieder fertig gemacht.
2	Frau Müller hat sich in der Zahnarzt-praxis	b)	eine Familie und einen Vater wie Jenny zu haben, mit dem er reden kann.
3	Jennifer schreibt völlig frustriert ins Tagebuch,	c)	stattdessen ins Fitnessstudio.
4	Lennard wünscht sich,	d)	wie gemein Lennard zu Lukas an der S-Bahn war.
5	Nadja erzählt Ellie am Telefon,	e)	klopft Beifall. Lennard klopft dann auch mit.
6	Lukas will kein Fußball mehr spielen. Er geht	f)	dass sie wieder auf ihre alte Schule wechseln will.
7	Bei der Präsentation des Referats	g)	gegen Julians blöde Sprüche.
8	Jenny wird nach dem Referat mutig und	h)	dass sie dieses Mal zu weit gegangen sind.
9	Nadja ist nach dem Referat traurig und sagt zu ihrer Mutter,	i)	auf der Toilette eingeschlossen.
10	Lennard verteidigt Lukas auf dem Fußballplatz	j)	dass Sabrina und Michelle sie wegen ihrer Fußballleidenschaft für eine Lesbe halten.

Die Lage spitzt sich zu (2)

3. Jennifer schreibt in ihr Tagebuch, dass sie mit ihrem Vater über alles reden kann (S. 64 f.). Formuliere Jennifers Antworten in ganzen Sätzen aus. Schreibe das Gespräch auf.

V: »Du hast doch früher immer gerne Fußball gespielt, warum jetzt nicht mehr?«
J: »Michelle und Sabrina – Frauenfußball – Lesbe«
V: »Was ist mit Lukas? Mit dem warst du doch mal gut befreundet? Kann er dir helfen?«
J: »Lukas gemobbt – Videos von ihm gedreht – schäme mich, weil …«
V: »Aber Lennard ist doch für dich da, oder?«
J: »mein Freund – trotzdem ist er gemein, weil – Ich wünschte, …«
V: »Ihr habt aber beim Referat Beifall geklopft, obwohl du Angst vor den anderen hast? Ich bin stolz auf dich!«
J: »Danke, …«

4. Lukas, Lennard und Jennifer verändern im Lauf der Geschichte ihr Verhalten.

a) Teilt in der Klasse auf, wer welche Figur genauer untersucht.

b) Markiert Textstellen, in denen diese Veränderungen deutlich werden, und schreibt Beispiele für die Veränderungen aus dem Text auf.

c) Trefft euch an einer Haltestelle im Klassenzimmer und gleicht eure Ergebnisse ab.

d) Stellt eure Ergebnisse den anderen Gruppen vor.

Wer hilft plötzlich den anderen? (Denke z. B. an die Szene auf dem Fußballplatz ab S. 75.)
Wer wird mutig und steht für jemand anderen ein (z. B. beim Referat S. 71/72)?

5. Wie könnte die Geschichte enden? Beantworte für ein letztes Kapitel die Fragen in ganzen Sätzen. Schreibe mindestens eine halbe Seite.

- Erhalten Sabrina, Michelle, Dominik und Julian eine Strafe?
- Wird Lennard wieder ganz gesund?
- Werden Jenny und Lukas wieder Freunde?
- Wird Lukas sich in Zukunft wehren?

k.7 (G) Nr. 2c) »Tipps« und Nr. 3 können helfen.

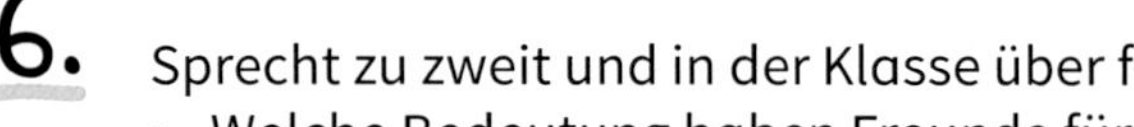

6. Sprecht zu zweit und in der Klasse über folgende Fragen:

- Welche Bedeutung haben Freunde für dich?
- Woher nimmt Nadja die Kraft, sich so mutig zu wehren?
- Seht euch noch einmal eure Wandzeitungen zum Thema Mobbing an: Hast du aus dem Buch etwas lernen können?

7. *Wahlaufgabe:*
Erstellt ein kurzes Anti-Mobbing-Video.

- Sagt, wer ihr seid.
- Erklärt, was Mobbing ist.
- Zeigt, was man gegen Mobbing tun kann und wie Opfer Hilfe bekommen können.

Tipp

Bitte beachten!
Stellt das Video nicht online! Ihr müsst vorher eure Lehrerinnen und Lehrer sowie die Schulleitung fragen, ob das Video hochgeladen werden darf. Denkt an die Datenschutzgrundverordnung und das Recht am eigenen Bild.

Die Lage spitzt sich zu (1)

Endlich bringt Lennard den Mut auf, sich von den Mobbern abzugrenzen. Doch er wird übermütig …

1. Lies den Roman zu Ende. Die Lage spitzt sich zu. Erstelle ein Diagramm mit Spannungskurve zu den aufgeführten Seiten.

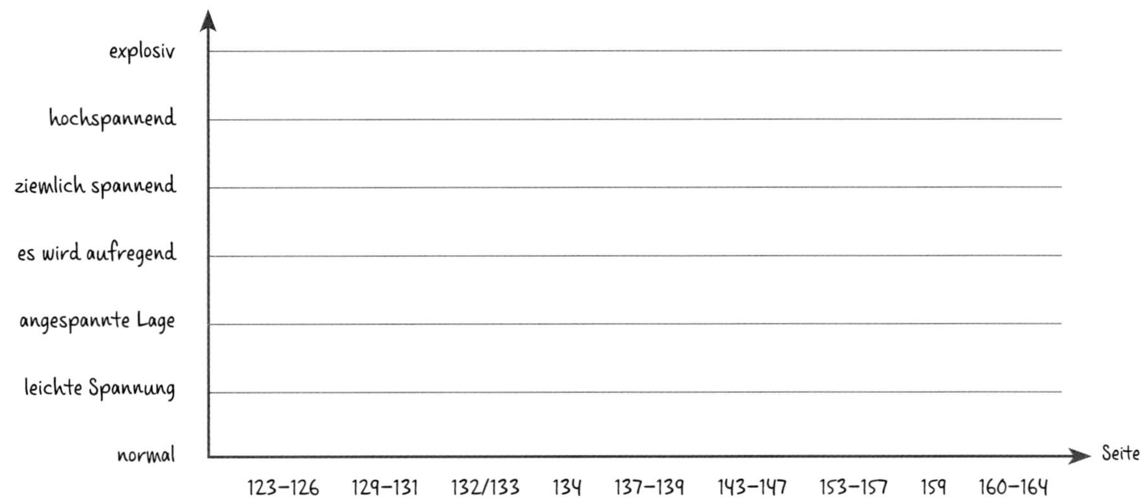

2. Verbinde die passenden Satzteile miteinander. Schreibe die Sätze anschließend in dein Heft oder Lesetagebuch. Ergänze dabei die Sätze mit passenden Wörtern aus dem Kasten. Drei Begriffe passen nicht.

1	Frau ______ erleidet in der Praxis	● ●	a)	möchte wieder auf ihre ______ wechseln.
2	Jennifer ist völlig frustriert	● ●	b)	ins ______ zu gehen.
3	Lennard denkt darüber nach, sich	● ●	c)	gibt ______ endlich Kontra.
4	Nadja hat kein ______	● ●	d)	klopft nach dem Referat Beifall.
5	Lukas rafft sich auf, um	● ●	e)	nicht zu schnell ______.
6	Bei der Präsentation des Referats	● ●	f)	geht die ______ wieder los.
7	Jenny wird ______ und	● ●	g)	______ anzuvertrauen.
8	Nadja kommt an ihre Grenzen und	● ●	h)	einen Nervenzusammenbruch.
9	Nadjas Mutter bittet Nadja	● ●	i)	wegen den ______ um ihre Fußballleidenschaft.
10	Lennard verteidigt Lukas und	● ●	j)	mit Lennard, weil er Lukas nicht half.

Fitnessstudio • Mitleid • Julian • Müller • Kraheberger • Schikane • Gerüchten • alte Schule • Jennys Vater • Fußballstadion • Sabrina • aufzugeben • mutig

Die Lage spitzt sich zu (2)

3. Jennifer ist vor dem Fußballspiel zum Heulen zumute. Ihr Vater bietet ihr an, zu reden. Jennifer möchte ihrem Vater alles erzählen. Schreibe ihre Geschichte in deinem Heft oder Lesetagebuch auf.

Fußballleidenschaft • Gerüchte (Lesbe) • Mobbing • Videos Lukas und Tanz in den Mai • sie schämt sich, weil feige • Lennards fiese Beteiligung

4. Lukas, Lennard, Nadja und Jennifer beginnen, ihr Verhalten und ihre Sichtweise zu verändern.

a) Teilt in der Klasse auf, wer welche Figur genauer untersucht.

b) Markiert Textstellen, in denen diese Veränderungen deutlich werden, und schreibt Beispiele für die Veränderungen auf.

c) Trefft euch an einer Haltestelle im Klassenzimmer und gleicht eure Ergebnisse ab.

d) Stellt eure Ergebnisse den anderen Gruppen vor.

Wer bietet Hilfe an? • Wer beginnt, sich zu wehren? • Wer wird mutiger und steht für sich oder andere ein? • Wer will aufgeben? • Welche Auswirkungen haben diese Veränderungen?

5. Schreibe ein letztes Kapitel als Ende für die Geschichte. Im Buch liest man immer aus der Sicht einer Person. Schreibe mindestens aus zwei Sichtweisen (z. B. aus Sabrinas und Lennards Sicht *oder* aus Nadjas und Lennards Sicht *oder* aus Lukas' und Jennifers Sicht).

- Was passiert mit der Klasse und den Täterinnen und Tätern?
- Schafft Lennard die Klasse oder bleibt er sitzen?
- Bleibt Lennard Jennys Freundin oder mag er doch Nadja ganz gerne?

k.7 oder eure Wandzeitungen können helfen.

6. Diskutiert in der Klasse über folgende Themen und Fragen:

- Die Bedeutung von Freundschaften.
- Woher nimmt Nadja die Kraft, sich so mutig zu wehren?
- Welche Schlüsse zieht ihr aus dem Buch? Die Wandzeitung kann euch helfen.

7. *Wahlaufgabe:*
Erstellt ein kurzes Anti-Mobbing-Video.

- Sagt, wer ihr seid und was Mobbing ist.
- Erklärt oder zeigt, was man gegen Mobbing tun kann, wie man Opfern helfen kann und wie Opfer sich wehren können.

Bitte beachten!
Stellt das Video nicht online! Ihr müsst vorher eure Lehrerinnen und Lehrer sowie die Schulleitung fragen, ob das Video hochgeladen werden darf. Denkt an die Datenschutzgrundverordnung und das Recht am eigenen Bild.

Die Lage spitzt sich zu (1)

Endlich bringt Lennard den Mut auf, sich von den Mobbern abzugrenzen. Doch er wird übermütig …

1. Lies den Roman zu Ende. Die Lage spitzt sich zu. Erstelle ein Diagramm mit Spannungskurve. Überlege vorher, welche Seitenzahleinteilung sinnvoll ist.

2. Vervollständige die Sätze und schreibe sie in dein Heft oder Lesetagebuch.

a) Frau Müller – in der Praxis
b) Jennifer völlig frustriert, weil ...
c) Lennard – mit Jennys Vater –, weil ...
d) Statt zum Fußball geht ...
e) Bei der Präsentation des ...
f) Jenny wird mutig: Sie ...
g) Nadja – an ihre Grenzen
h) Nadjas Mutter bittet Nadja ...
i) Lennard verteidigt Lukas und ...

3. Wähle eine der beiden Aufgaben:

A Lennard hat Probleme mit seinen Eltern und am Ende einen schweren Unfall. Du bist Reporterin/Reporter. Formuliere Fragen für ein Interview. Interviewe anschließend Mitschülerinnen und Mitschüler. Schreibe die Antworten auf. Erstelle dann einen vollständigen Bericht.

Hinweis: Eure Antworten sollten zum Charakter von Lennard passen.

Tipp: Mutter Arztpraxis Toilette – Vater? – Unfall – Verletzungen – Heilungschancen ...

B Jennifer ist vor dem Fußballspiel zum Heulen zumute. Ihr Vater bietet ihr an, zu reden.
Jennifer möchte ihrem Vater alles erzählen. Schreibe das Gespräch zwischen Jenny und ihrem Vater auf.

Tipp: Fußballleidenschaft – Gerüchte – Mobbing Lukas – Tanz in den Mai – Lennards Verhalten

Die Lage spitzt sich zu (2)

2. Lukas, Lennard, Nadja und Jennifer kommen an ihre Grenzen und beginnen, ihr Verhalten und ihre Sichtweise zu verändern.

a) Teilt in der Klasse auf, wer welche Figur genauer untersucht.

b) Markiert Textstellen, in denen diese Veränderungen deutlich werden, und schreibt die Veränderungen auf.

c) Trefft euch an einer Haltestelle im Klassenzimmer und gleicht eure Ergebnisse ab.

d) Stellt eure Ergebnisse den anderen Gruppen vor.

sich wehren • mutig werden • aufgeben wollen • Sinneswandel • Auswirkungen der Veränderungen

3. Im Buch liest man immer aus der Sicht einer Person. Schreibe ein letztes Kapitel aus drei unterschiedlichen Sichtweisen (z. B. Sabrina, Lennard und Nadja *oder* Lennard, Jennifer und Lukas ...) zu folgenden Fragen:

- Was passiert mit der Klasse und den Täterinnen und Tätern?
- Erreicht Lennard das Klassenziel oder bleibt er sitzen?
- Bleibt Lennard Jennys Freund oder mag er doch Nadja gerne?

- Erholt sich Lukas von den Strapazen des Mobbings?

- Wird sich Jennifer wirklich ändern und sich in Zukunft gegen Mobber stellen?

k.7 und eure Wandzeitungen können helfen.

4. Diskutiert in der Klasse folgende Themen und Fragen:

- Die Bedeutung von Freundschaften
- Woher nimmt Nadja die Kraft, sich so mutig zu wehren?
- Welche Schlüsse zieht ihr aus dem Buch?

5. *Wahlaufgabe:*
Erstellt ein kurzes Anti-Mobbing-Video.

- Sagt, wer ihr seid und was Mobbing ist.
- Erklärt oder zeigt, was man gegen Mobbing tun kann, wie man Opfern helfen kann, wie Opfer sich wehren können und wie ihr zusammenhaltet.

Bitte beachten!
Stellt das Video nicht online! Ihr müsst vorher eure Lehrerinnen und Lehrer sowie die Schulleitung fragen, ob das Video hochgeladen werden darf. Denkt an die Datenschutzgrundverordnung und das Recht am eigenen Bild.